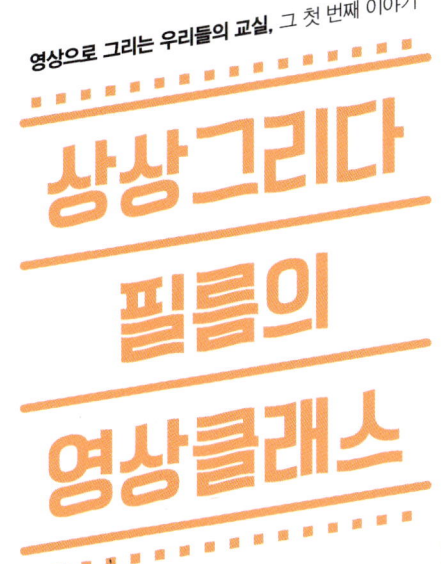

영상으로 그리는 우리들의 교실, 그 첫 번째 이야기

상상그리다 필름의 영상클래스

영상으로 그리는 우리들의 교실, 그 첫 번째 이야기

상상그리다 필름의 영상클래스

정도행_노성도_배서진_박준웅_조혜령_최영식_김민지 지음

머리말

안녕하세요.

상상하는 모든 것을 영상 언어로 자유롭게 표현하는 상상그리다필름입니다.

2019년에 만들어진 상상그리다필름에서는 영상 미디어를 활용해 교육 자료를 제작하는 60여 명의 유·초·중·고 선생님들이 활동하고 있습니다.

상상그리다필름은 교사 전문가 연수를 포함해 감독, 작가, 연출가 등 현업에서 활발하게 활동하는 전문가들의 연수를 통해 전문적인 영상 제작 방법을 배웁니다. 또 상상그리다필름 내에서 도 연구회, 지역 연구회, 공모 연수, 개인 프로젝트, 팀별 프로젝트, 영상 교육 자료 제작 소모임, 영화 소모임, 방송 연구 대회 소모임 등으로 모임을 세분화하여 각자 원하는 분야의 영상 미디어를 연구하고 제작합니다.

이 책은 상상그리다필름에서 강사 활동을 하고, 교육방송연구대회나 영상 공모전에서 수상한 선생님 7명이 함께 만들었습니다. 영상에 대한 기초 지식부터 온라인·오프라인 수업에서 영상을 제작하고 활용할 수 있는 방법을 상세히 수록했습니다.

책에 실린 내용 외에도, 비바샘 '상상그리다필름의 영상클래스'에 꾸준히 콘텐츠를 업로드하고 있으니 궁금하신 선생님들은 방문해 보셔도 좋겠습니다.

이 책이 영상 제작을 꿈꾸는 선생님들에게 많은 도움이 되길 바랍니다. 앞으로도 상상을 멈추지 않고, 양질의 콘텐츠를 제작해 전국의 선생님들에게 선한 영향력을 퍼트리는 상상그리다필름이 되겠습니다. 고맙습니다.

저자 소개

상상을 현실로 꺼내 오는
정도행 선생님

상상그리다필름을 창단하고, 회장으로서 다양한 연수와 프로젝트를 기획하고 있습니다. 영상과 미디어 아트를 통해 상상을 현실로 만들고 있죠!

현) 도둔초등학교 교사

배움과 나눔에 열정이 넘치는
배서진 선생님

프리미어 프로를 강의하고 있습니다. 특히 영상 자막과 관련한 경험과 노하우를 선생님들과 나누고 있어요!

현) 동남고등학교 교사

새로운 도전이 설레는
조혜령 선생님

미디어 시대에 중요한 미디어 리터러시 교육, 저작권과 초상권을 강의하고 있습니다. 영상과 관련한 새로운 도전이 늘 설레요!

현) 호원중학교 교사

차분함과 부드러움을 겸비한
박준웅 선생님

프리미어 프로와 영상 촬영법을 강의하고 있습니다. 차분하고 부드러운 목소리로 영상 제작 노하우를 공유하고 있어요!

(현) 사동초등학교 교사

24시간이 부족한 열정 뿜뿜
최영식 선생님

프리미어 프로와 영상 촬영법을 강의하고 있습니다. 영상에 대한 열정을 선생님들에게 열심히 전하고 있죠!

(현) 화봉초등학교 교사

감각적인 아이디어가 샘솟는
김민지 선생님

프리미어 프로와 유튜브 채널 운영을 강의하고 있습니다. 감각적인 유튜브 채널, 저와 함께 만들어 보시죠!

(현) 의정부송산초등학교 교사

묵묵하게 때론 디테일하게
노성도 선생님

프리미어 프로와 포토샵을 강의하고 있습니다. 평소에는 묵묵한 편이지만, 영상을 다룰 때만큼은 매우 디테일하다고요!

(현) 도둔초등학교 교사

차례

PART 1 쌤크리에이터가 되기 위한 준비하기

01 우리는 왜 쌤크리에이터가 되어야 할까요? _12
02 영상의 기본 제작 과정 _18
03 장비를 알면, 촬영이 특별해진다! _30
04 자유롭지만은 않은, 저작권과 초상권 _38
┃쌤 인터뷰 _46

PART 2 우리 학생들 멋지게 촬영하기

01 이것만 알면 스마트폰 촬영 고수! _50
02 우리 반 아이들 인생 사진, 찍어 봅시다 _58
03 전문가급 사진·영상 촬영! 스마트폰으로도 가능해요 _68
┃쌤 인터뷰 _75

PART 3 영상 편집으로 우리 반 추억 담기

01 선생님 마음에 쏙! 드는 영상 편집 앱 고르기 _78
02 선생님만의 친절한 학습 영상 만들기 with 비타 _86
03 언제 어디서나! 일상을 담은 영상 만들기 with 키네마스터 _94
04 화면 속 화면! 색다른 영상 만들기 with 키네마스터 _108
05 예능 방송처럼 느낌 있는 자막 넣기 with 뱁믹스, 뱁션 _120
06 고급 영상 편집 프로그램 슬쩍 맛보기 with 프리미어 프로 _130
┃쌤 인터뷰 _137

PART 4 새로운 수업 도구로 스마트한 교실 만들기

01 초간단! 고퀄 포스터 디자인하기 `with 캔바, 미리캔버스` _140
02 수업 화면 녹화 프로그램 체험하기 `with 오캠, 곰캠, OBS 스튜디오` _154
03 영상에도 쓱쓱, 멋지게 판서하기 `with 아이캔노트` _166
04 과목별, 찰떡 수업 영상 녹화하기 `with 아이캔노트` _174
05 스톱 모션으로 재미있는 수업 만들기 _186
▍쌤 인터뷰 _197

PART 5 크리에이티브한 우리 반 만들기

01 우리 반만의 유튜브 채널 만들기 _200
02 우리 반만의 온라인 학습 방 만들기 _208
▍쌤 인터뷰 _210

PART
1

쌤크리에이터가 되기 위한 준비하기

01
우리는 왜 쌤크리에이터가 되어야 할까요?

> 정도행 선생님

　선생님, '1인 미디어 시대'라는 말을 들어 보셨나요? 인터넷과 스마트폰이 빠르게 대중화되면서 개인이 네트워크를 통해 콘텐츠를 생산하고 공유하는 일이 늘어나고 있습니다. 특히 유튜브를 통해 크리에이터들이 자신의 이야기를 담은 영상을 올리기 시작하면서, 1인 미디어 시장은 계속해서 활발히 확장되고 있습니다. 또 오늘날 4차 산업 혁명 시대를 대표하는 속성으로는 초연결, 초지능, 초융합을 이야기할 수 있는데요. 저는 인터넷과 SNS을 기반으로 한 1인 미디어가 초연결 사회의 중심이라고 생각합니다.
　우리는 왜 이러한 시대에 가르치는 사람을 넘어 쌤크리에이터가 되어야 할까요?

1. 1인 미디어 시대와 우리

① 1인 미디어의 빛과 그림자

1인 미디어 시대가 열리면서 중앙 집권적이었던 정보의 생산이 분산되기 시작했습니다.

불과 몇 년 전까지만 해도 텔레비전의 공중파 방송이 장악했던 정보의 주도권은 이제 유튜브 채널로 넘어간 지 오래입니다. 그에 더해 요즘 사람들은 페이스북, 인스타그램, 카카오스토리 등 일상에서 접하기 쉬운 소셜 미디어를 통해 자신의 개성을 알리고, 타인과 정보를 공유하며 네트워크를 만들고 있습니다.

이렇게 1인 미디어 시대의 크리에이터들은 각각의 관심사에 따라 채널을 구성하여 정보를 제공할 뿐만 아니라, 시청자와 쌍방향으로 소통하면서 정서적인 유대감까지 나누고 있습니다.

전통적인 미디어의 한계를 극복하고, 사용자와 수평적인 연결 구조를 강화하면서 개방적이고 자유로운 미디어 환경을 만들어 나가고 있는 것입니다.

하지만 이렇게 눈부시게 발견하고 있는 1인 미디어 시대에도 그림자가 존재하는데요. 누구나 콘텐츠 유통에 쉽게 참여할 수 있다는 것은, 보증되지 않은 거짓 정보가 무분별하게 퍼져 나갈 수 있다는 위험성이 있습니다. 또 1인 미디어를 단지 수익으로만 여기는 사람들은 시청자의 관심을 끌기 위해 선정적이고 자극적인 내용으로 콘텐츠를 구성하기도 합니다.

②▶ 1인 미디어 시대에 쌤크리에이터가 되어야 하는 이유

'쌤크리에이터가 되자고 하면서, 왜 1인 미디어 시대를 이야기할까?' 하는 생각이 드셨을 것 같은데요. 바로 우리가 쌤크리에이터가 되어야 하는 이유와 깊은 관련이 있기 때문입니다.

첫 번째는 학생들이 미디어 시대에 올바르게 정보를 공유할 수 있도록, 또 공유를 넘어 올바른 정보를 생산할 수 있도록 이끌어 주어야 하기 때문입니다.

사실 학생들이 유익한 정보를 받아들이고 공유하는 것까지는 교사가 굳이 크리에이터가 되지 않아도 됩니다. 그러나 학생들이 올바른 정보를 생산하는 단계까지 성장하게 하려면, 교사 역시 1인 미디어 시대의 특징과 그 흐름에 맞게 정보를 생산하는 방법을 잘 알고 있어야 합니다.

모든 선생님이 인플루언서가 되어야 하는 것도, 유명한 유튜버가 되어야 하는 것도 아닙니다. 교사 자신이 하나의 브랜드가 되어 자신만의 콘텐츠를 생산해 보는 일은 학생들에게도, 교사 자신에게도 매우 의미 있는 일이 될 것입니다.

두 번째는 교수법의 트렌드 변화라고 생각합니다.

오래전부터 인류가 발전하면서, 교수법의 트렌드도 함께 변화해 왔습니다. 1970년대부터 2000년대까지는 '직접 교수법'이 대표적인 교수법이었습니다. 직접 교수법은 학습자에게 가장 빠르게 개념과 사실을 전달할 수 있습니다. 그러나 IT 산업의 눈부신 성장에 힘입어, 일방적인 전달의 교수법에서 벗어나 학생들에게 질문하고 대화하는 문답식 교수법이 발전합니다. 바로 참여와 소통의 교수법이라고 이야기할 수 있지요. 그리고 조금 더 나아가 수업의 결과물이 학생의 삶과 연결되어 효용성을 발견하도록 하는 교수법으로 발전합니다. 더불어 지식을 외우고 이야기하는 것을 넘어 창의적인 문제 해결 능력을 이끌어 내는 교수법이 등장합니다.

즉, 요즈음의 교수법은 참여에서 그치는 것이 아닌 생산과 공유의 측면까지 발전했다고 볼 수 있습니다.

2. 영상 미디어 리터러시의 필요성

영상 미디어 리터러시는 무슨 의미일까요?
'리터러시(literacy)'는 본래 문학적 용어였습니다. 리터러시란 문자를 읽고, 쓰고, 해석하고, 성찰할 수 있는 능력을 뜻합니다.

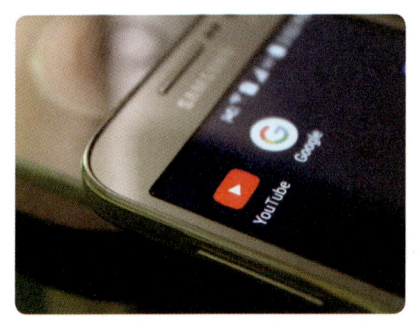

그렇다면 영상 미디어 리터러시는 무엇일까요? 바로 **영상 미디어가 제공하는 콘텐츠를 읽고 비판적으로 이해하며, 자신의 생각을 영상 미디어로 표현하는 능력**을 말합니다.

최근 미디어의 동향을 이야기할 때 가장 대표적인 것이 바로 유튜브입니다. 유튜브를 중심으로 1인 크리에이터들이 폭발적으로 늘어나면서, 영상 미디어의 시대가 시작되었음을 실감하고 있죠. 이처럼 많은 사람이 자신을 드러내는 표현 방법으로 영상 미디어를 활용하고 있습니다.

누구나 영상을 만들고 온라인 플랫폼에 올릴 수 있게 되면서, 영상 미디어의 활용이 폭발적으로 증가하고 있는 것이지요.

이러한 시대 흐름에 따라 교육 현장에도 변화가 일어나고 있습니다.

특히 교과서 중심의 전통적인 수업 방식에서 벗어나, 온라인 수업과 오프라인 수업이 장점을 융합하고 학생들의 자기 주도적 학습 능력을 길러 주는 블렌디드 수업(blended learning)이 교육의 한 축을 담당하기 시작했습니다.

이 블렌디드 수업의 중심에는 교사의 미디어 교육에 대한 전문성이 있어야 한다고 생각합니다. 실제로 요즘 선생님들은 이미 만들어진 영상 자료를 적극적으로 활용하는 것을 넘어, 온라인 수업을 위해 직접 수업 영상 제작에 참여하고 있습니다.

또 '포노 사피엔스(Phono sapiens)'라는 용어를 들어 보셨나요?

포노 사피엔스는 휴대 전화의 'Phone'과 인류를 뜻하는 '사피엔스'를 합친 말입니다. 유튜브는 세대를 막론하고 막강한 영향력을 미치고 있는데요.

요즘 학생들은 새로운 정보를 찾을 때 인터넷 지식 백과 등이 아니라 유튜브에 검색을 한다고 합니다. 아이들이 새로 찾고 접하는 정보가 텍스트에서 영상 미디어로 변화하고 있는 것이지요.

미래 사회로 갈수록 영상 미디어는 학생뿐만 아니라 우리 교사들의 삶에도 큰 영향을 미칠 것입니다. 따라서 교사와 학생 모두에게 영상 미디어 리터러시 능력이 필수적으로 요구될 것입니다.

미래 사회를 이끌어 갈 우리 학생들이 올바른 영상 미디어 리터러시 능력과 창의적 사고력을 기를 수 있도록, 교사가 먼저 크리에이터가 되어 이러한 역량을 함양해야 한다고 생각합니다.

3. 영상 언어를 다루는 쌤크리에이터

『제3의 물결』의 저자 앨빈 토플러(Alvin Toffler)는 우리나라 학생들을 보고 이런 이야기를 했다고 합니다. "한국 학생들은 미래에 필요하지도 않은 지식과 존재하지도 않을 직업을 위해 하루 10시간 이상 허비하고 있다."라고요.

그렇다면 우리 학생들에게 실제로 필요한 교육은 무엇일까요?

저는 세계 시민 교육, 디지털 시민 교육, 메이커 교육, 소프트웨어 교육 등 미래에 필요한 수많은 교육 중 하나가 영상 교육이었으면 합니다. 특히 영상이 우리 학생들의 상상을 자유롭게 표현할 수 있는, 하나의 언어가 되었으면 좋겠습니다.

영상이 학생들의 새로운 생각과 경험, 창의력의 결과물을 차곡차곡 쌓아 갈 수 있는 도구가 되는 것입니다. 영상 교육을 통해, 학생들이 자신의 생각을 표현하는 수단으로써 새로운 언어를 배워 나가는 의미 있는 활동이 이루어지면 좋겠습니다.

또 위에서 언급했듯이, 교육 시장의 가장 큰 물결은 블렌디드 수업이라고 생각합니다. 미래의 블렌디드 수업에서 가장 중요한 것은 바로 학생들이 경험하는 콘텐츠의 질, 그리고 우수성입니다. 실시간으로 하는 수업을 넘어서 온라인 콘텐츠와 병합된 블렌디드 수업에서, 영상은 학생들이 알아야 할 교과 내용과 필수 지식을 녹여 내는 데 아주 중요한 역할을 할 것입니다.

앞으로의 교육을 위해, 선생님들에게도 영상 매체를 이해하고 만들어 낼 수 있는 능력이 필요하지 않을까요? 선생님들께서 직접 영상이라는 언어를 다루는 크리에이터가 되어 보는 것은 어떨까요?

우리 상상그리다필름은 영상의 이론부터 영상 제작 방법, 온라인·오프라인 수업에서 영상을 활용하는 다양한 팁을 선생님들과 공유하고자 합니다.

미래 수업을 이끌어 갈 우리 선생님들께 이 책이 좋은 선택이 되길 바랍니다.

선생님들은 이제 쌤크리에이터입니다.

02
영상의 기본 제작 과정

> **정도행 선생님**

우리들은 모두 전문가입니다. 무슨 말인지 의아하신 분도 계실 것 같네요.

우리들은 영상 제작의 전문가는 아니지만 TV, 엘리베이터 전광판, 유튜브나 OTT 서비스를 통해 매일매일 전문가들이 만든 영상들을 만나고 있습니다. 영상을 보는 눈은 이제 누구나 높은 수준을 가지고 있다고 생각하는데요. 우리들이 익히 알고 있는 영화, 광고, 드라마의 영상은 어떤 과정을 통해서 제작될까요?

더불어 학교에서 수업용으로 제작하는 영상 제작의 과정과 필요한 도구, 기본 영상 용어까지 이야기를 나누어 볼까요?

1. 일반적인 영화, 드라마 등의 영상 제작 과정

영상 제작 과정은 영상 제작 팀에 따라 조금씩 차이는 있지만, 크게 3단계로 나누어집니다.

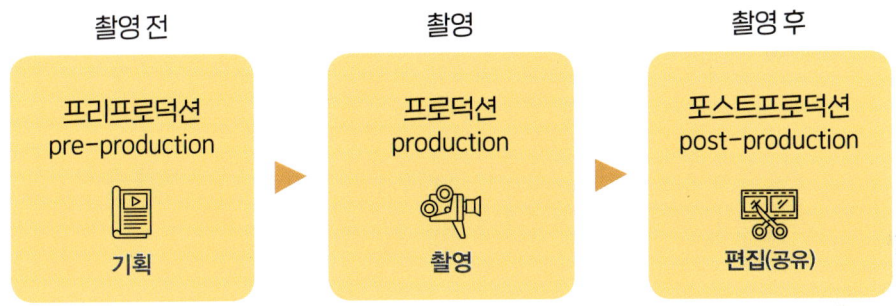

> **상상그리다필름의 TiP**
>
> '수업을 위한 영상 제작은 매우 간단해서 스마트폰의 카메라 앱 하나만 사용하면 되는데, 왜 상업 영상 제작 과정까지 알아야 하지?' 하고 생각하실 수도 있습니다. 하지만 영화나 드라마, 광고 등의 상업 영상이 만들어지는 과정을 알면 미디어를 통합적으로 이해하는 데 도움이 됩니다. 또한 학급에서 보다 질 높은 영상 제작에 도전할 수 있는 좋은 팁을 제공해 줍니다.

① 프리프로덕션(pre-production)

여러분은 영상 제작의 3단계 중 어떤 단계가 가장 중요하다고 생각하시나요? 그리고 어떤 단계가 가장 시간이 많이 걸릴까요?

영상미를 고려한다면 촬영 단계도 물론 중요하지만, 가장 중요한 단계는 바로 첫 단계인 촬영 전 단계, 프리프로덕션 단계입니다.

프리프로덕션 단계는 전체 단계 중에서 70% 이상의 비중을 차지할 만큼 중요합니다. 어떤 감독은 이 시기가 90%까지 차지한다고도 이야기합니다. 이 단계에서는 2, 3단계에서 무엇을 어떻게 할지, 어떤 이야기를 풀어낼지, 홍보는 어떻게 진행할지, 어떤 장소에서 어떤 신을 찍을지, 카메라와 렌즈는 어떤 것을 사용할지 등 제작의 전 과정에 대해 완벽한 준비를 하게 됩니다. 그래서 이 단계를 잘 계획한다면 그 다음 과정부터는 잘 따라가기만 하면 되지요.

영화를 예로 들어 보면, 프리프로덕션 단계에서는 시놉시스를 바탕으로 시나리오 작성, 콘티 제작, 캐스팅/로케이션 계획, 인력(감독, 촬영 감독, 프로듀서, 스태프) 구성, 장비 세팅, 자금 계획 등이 이루어집니다.

시놉시스 (synopsis)	• 작품의 주제를 나타내는 간단한 줄거리로 개요(summary)라고도 말합니다. • 작품의 의도와 작가의 메시지를 압축하여 나타냅니다.
콘티 (continuity)	• 이야기를 각 장면으로 나누어 간단한 그림과 함께 설명을 덧붙인 것입니다. • 제작진은 잘 다듬어진 콘티를 보면서 촬영을 하게 됩니다.
시나리오 (scenario)	• 작품을 위한 대본을 말합니다. • 장면의 순서, 배우의 동선이나 대사, 구조물의 특징 등이 포함된 글입니다.

저는 시나리오의 중요성을 강조하고 싶습니다. '좋은 영화=좋은 시나리오'라고 할 정도로 시나리오가 영화에서 차지하는 비중은 무척 큽니다. 학급에서 학생들과 영화를 만든다고 할 때, 가장 어려운 부분이 바로 시나리오 작업이기도 합니다.

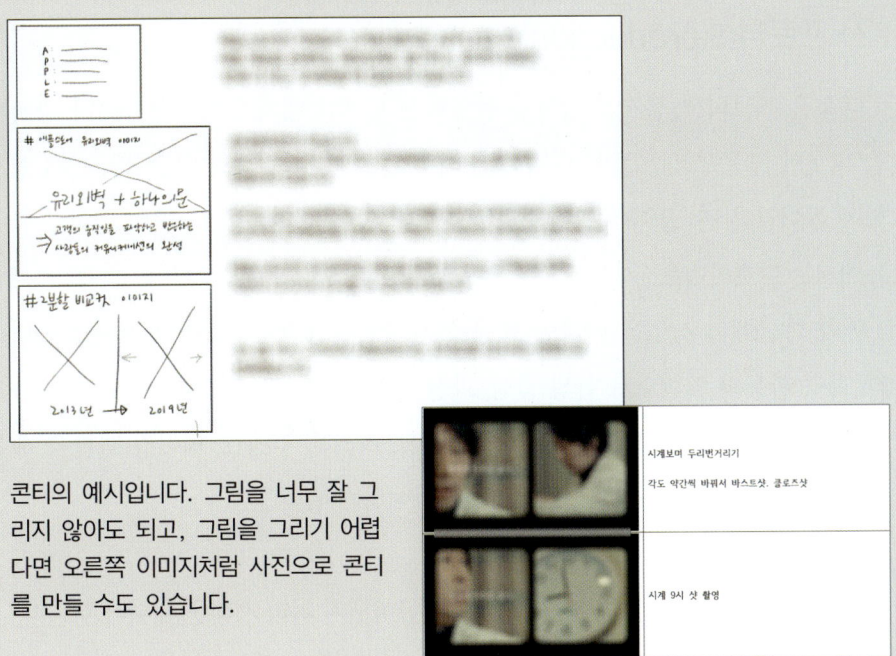

콘티의 예시입니다. 그림을 너무 잘 그리지 않아도 되고, 그림을 그리기 어렵다면 오른쪽 이미지처럼 사진으로 콘티를 만들 수도 있습니다.

학급 영화를 제작한다면 프리프로덕션 단계를 ① 주제, 소재 정하기 ② 시놉시스 쓰기 ③ 시나리오 쓰기 ④ 스토리보드 쓰기 ⑤ 배역 나누기 ⑥ 촬영 준비하기의 총 6가지 과정으로 나눠 볼 수 있습니다.

> **상상그리다필름의 TIP**
>
> 좋은 시나리오를 작성하기 위해서는 학생들과 함께 브레인스토밍을 하면서 좋은 주제와 그에 따른 아이디어를 찾아내는 과정을 충분히 가져야 하는데요. 학생들은 흔히 학교 폭력, 왕따, 공부 스트레스 등의 주제를 떠올리곤 합니다. 이런 주제들이 나쁜 것은 아니지만, 자칫 상투적인 이야기로 흐르기 쉽습니다. 평범한 주제를 다루더라도 이를 신선하게 드러낼 수 있는 아이디어를 찾는 것이 시나리오 작업에서의 포인트입니다.
> 또한 시나리오를 쓸 때 학생들이 함께 참여하여 그들의 관심사나 평소 말투를 살릴 수 있도록 해야 보다 실감 나는 이야기, 자연스러운 연기가 가능합니다.

② 프로덕션(production)

　다음은 프로덕션, 실제로 영화를 촬영하는 단계에 대해 알아보겠습니다. 감독을 비롯한 모든 스태프들이 연기하는 배우를 화면에 담는 과정입니다. 실제 영화에 들어갈 장면, 글이나 그림으로 표현되어 있던 내용들이 한 편의 영화로 만들어지는 단계이지요.

　만약 학급에서 작업을 한다면 학생들이 '즐기면서' 하는 것이 가장 중요합니다. 학급 활동의 일환으로 학생 중심, 과정 중심이라는 목표를 달성하기 위해 즐거운 상황 속에서 촬영이 이루어지도록 서로 격려해 주세요. 메이킹 필름을 제작하면 학생들이 전 과정에 더 몰입하여 참여하게 됩니다.

　촬영 시 유의할 점은 다음과 같습니다.

　① 촬영 전에는 각 신마다 어떻게 화면에 담아낼지 미리 계획을 세워야 합니다.

　여기서 콘티의 힘이 중요한데요. 콘티에 계획한 대로 촬영이 진행되기 때문에, 콘티가 튼튼하게 짜여 있다면 시행착오를 줄일 수 있습니다.

　② 표현하고자 하는 장면에 따라 카메라 앵글을 고려해야 합니다.

　인물을 찍을 때에도 장면의 내용에 따라 전체를 풀 숏으로 담을 것인지, 상반신만 담을 것인지, 아니면 얼굴만 크게 클로즈업할 것인지 달라집니다. 예를 들어 두 사람의 대화를 담을 때, 두 사람을 카메라 앞에 두고 나란하게 찍는 것과 어깨 너머로 교차하며 찍는 것(오버 더 숄더 숏)은 그 장면의 분위기가 사뭇 달라집니다.

▲ 두 사람을 나란히 찍은 장면

▲ 어깨 너머로 교차하여 찍은 장면

또 두 사람의 대화를 촬영할 때, 이미지 라인(두 사람을 연결한 가상의 일직선)을 침범하지 않아야 합니다. 즉, 카메라가 180도 직선을 넘지 않아야 대화하는 두 사람의 위치가 화면상에서 바뀌지 않게 되어 자연스러운 화면이 연출됩니다. 이를 '180도의 법칙'이라고도 합니다. '180도의 법칙'은 영상을 통해 자세히 소개해 드릴게요.

'180도의 법칙'이 궁금하시다면?
◀ 영상 보러 가기

'30도의 법칙'도 있는데요. 한 장면의 숏과 숏을 연결할 때 앞 숏과 이어지는 숏의 촬영 각도가 적어도 30도 이상 차이 나게 연결해야 한다는 것입니다. 그래야 보는 사람이 시각적으로 자연스럽게 받아들이게 됩니다.

이 밖에도 수많은 영상 문법이 있고 몽타주와 미장센과 관련한 이론이 있는데, 우리가 TV나 극장에서 보는 영화나 드라마들은 이러한 영상 규칙과 이론을 준수하거나 파괴함으로써 연출자의 개성을 담아내고 있습니다.

③ 촬영할 때 오디오에 잡음이 최대한 섞이지 않도록 소음을 차단해야 합니다. 소음을 차단하기 어렵다면 나중에 더빙을 하거나 자막을 넣어 보완할 수 있습니다.

상상그리다필름의 TIP

연출에 대한 숙련도는 몇 차례의 제작 경험으로 완성되지 않습니다. 수많은 경험과 시행착오를 통해 차츰 체득됩니다. 학급 영화를 만드실 때 처음부터 지나치게 부담을 안고 시작하기보다는, 다양한 아이디어에 영상의 기본기를 조금씩 얹어 가며 작품을 만들어 보시면 좋겠습니다.

③ 포스트프로덕션(post-production)

마지막으로 포스트프로덕션, 촬영 후 단계입니다. 편집과 상영, 혹은 공유하는 과정이지요. 편집은 촬영된 소스를 영상으로 완성하는 단계인데요. 이때 영상을 편집할 수 있는 프로그램이 꼭 필요합니다. 후반 작업은 컷 편집뿐 아니라 사운드 작업, 컬러 후보정 혹은 합성 등의 작업이 포함됩니다.

일반적으로 스마트폰, PC 프로그램들이 편집에 활용됩니다. 유료와 무료 프로그램이 있으며, 학급 영상을 찍을 때는 무료 프로그램만으로도 충분히 재미있는 작품을 만들 수 있습니다.

지금까지 일반적인 영상 제작의 순서를 살펴보았습니다. 만약 학생들과 영화 제작을 한다면 학교급에 따라 목적과 과정을 다르게 설정해야 합니다.

중·고등학생의 경우에는 영상 제작의 전 과정을 직접 체험해 보며, 그 안에서 아이디어도 내고 결과물에 대한 성취감을 만들어 가는 것이 중요합니다. 모둠별로 단계별 미션을 주거나, 자신들의 작품에 어울리는 프로그램을 사용하면서 개성 있는 작품을 만들고 공유하는 자리를 만들어 주세요.

초등학생의 경우, 특히 저학년은 영상 제작 과정을 세부적으로 이해하기 어려울 거예요. 각 단계별로 주요 키워드를 안내하고, 처음부터 끝까지 선생님과 함께 영상 제작 과정을 따라가 보는 활동으로도 충분히 즐거울 겁니다.

2. 영상을 구성하는 단위

영화나 드라마를 구성하는 기본 단위도 알아보겠습니다. 여러분도 많이 들어 보셨을 텐데요. 바로 '테이크(take), 숏(shot), 신(scene), 시퀀스(sequence)'입니다.

영화를 촬영하는 현장을 상상해 봅시다.

감독이 "카메라!" 혹은 "레디~!"라고 말하면 카메라 녹화 버튼을 누르고, "액션!"을 외치면 배우들이 연기를 시작합니다. 그리고 "컷!"이라고 말하면 다시 녹화 버튼을 눌러 촬영을 종료합니다.

테이크 (take)	촬영을 시작할 때 카메라 녹화 버튼을 누르고 끝날 때 다시 녹화 버튼을 눌러서 만들어진, 촬영의 시작부터 마칠 때까지의 연속적인 화면을 '테이크'라고 합니다.
숏 (shot)	테이크 안에는 배우들이 연기하는 장면도 들어가지만, 감독의 목소리, 잡음, 컷을 외치고 난 뒤의 불필요한 장면 등이 모두 포함되어 있습니다. '숏'은 바로 이 '테이크'에서 불필요한 부분을 모두 잘라 내고, 영화에서 필요한 장면만을 남긴 것입니다. '쇼트'라고 부르기도 하지요.
신 (scene)	'신'은 하나 이상의 숏이 모인 단위로, 동일한 시간이나 장소에서 이루어지는 장면을 말합니다. 러닝 타임이 90분인 영화의 경우, 일반적으로 약 120개 정도의 신으로 구성되어 있습니다.
시퀀스 (sequence)	'시퀀스'는 신이 모여 하나의 큰 이야기 흐름을 만든 것을 말합니다. 이러한 시퀀스들이 모이면 한 편의 영화가 완성됩니다.

3. 숏의 종류

이제 카메라와 피사체(찍고자 하는 물체나 인물)와의 거리에 따른 숏의 종류를 알아보겠습니다.

카메라와 피사체의 거리가 먼 순서부터 롱 숏, 풀 숏, 니 숏, 웨이스트 숏, 버스트 숏, 클로즈 숏으로 분류할 수 있습니다.

🎬 롱 숏(long shot)

롱 숏은 풀 숏보다 더 먼 거리에서 배경이 나오게 담는 숏입니다. 극 중 인물이 누구이며 어디에 있는지 장소에 대한 정보를 전달하며, 어떠한 사건이 시작되거나 다른 장소에서 이야기가 시작될 때 사용합니다.

🎬 풀 숏(full shot)

풀 숏은 인물의 전신을 화면 가득히 담는 숏입니다.

인물 전체를 표현하거나 배경과 함께 상황을 보여 줄 때 사용합니다.

🎬 니 숏(knee shot)

니 숏은 인물의 무릎 부분까지 담는 숏입니다.

무용 등 상반신의 움직임을 보여 줄 때 사용합니다.

웨이스트 숏(waist shot)

웨이스트 숏은 인물의 허리 부분까지 담는 숏입니다. 상당히 안정된 구도로 인물 촬영에서 많이 활용하는 숏 중 하나입니다.

버스트 숏(bust shot)

버스트 숏은 인물의 가슴 부분까지 담는 숏입니다. 인물을 표현하는 가장 기본적인 숏으로, 인물 간의 대화 장면, 인터뷰 장면 등 다양한 신에서 사용합니다.

🎬 클로즈 숏(close shot)

클로즈 숏은 머리에서 어깨선이나 목까지 담는 숏입니다. 인물의 표정이나 분위기, 감정을 전달하기에 적당합니다.

자세한 내용은 영상으로 살펴보세요.

'숏 사이즈에 따른 분류가 궁금하시다면?
영상 보러 가기 ▶

03
장비를 알면, 촬영이 특별해진다!

> **정도행 선생님**

영상 촬영에 흥미를 느끼고, 쌤크리에이터가 되기로 결심하셨나요?

그런데 모든 일이 그렇듯, 첫 시작이 쉽지만은 않죠. 어떤 종류의 카메라를 사용해야 할지, 조명이나 음향은 어떻게 처리해야 할지 고민이 생기셨을 텐데요.

선생님들의 고민 해결을 위해 영상 촬영을 위한 카메라의 종류와 영상을 빛내 줄 보조 장비를 소개해 드리겠습니다. 또 영상 장비를 구입할 때 어떤 점을 고려해야 하는지도 알려 드릴게요.

1. 영상 촬영을 위한 카메라의 종류

① DSLR 카메라

DSLR 카메라(이하 DSLR)는 'digital single-lens reflex camera(디지털 단일 렌즈 반사 카메라)'의 약자로, 한 개의 렌즈를 통해 들어오는 빛을 거울로 반사하여 디지털 이미지를 만드는 장비입니다. DSLR는 렌즈와 보디로 구성되어 있는데, 보디 안에 빛을 반사하기 위한 거울이 있어 거울이 없는 미러리스에 비해 보디가 크고 무겁습니다.

DSLR는 최고 화질의 사진과 영상을 얻을 수 있는 카메라로서 오랜 시간 그 자리를 굳건하게 지키고 있는데요. 주로 사진에 활용되던 멋진 아웃 포커싱 효과를 영상에서도 구현할 수 있어 아마추어 영상 제작자뿐 아니라 전문가들도 서브 장비로 많이 활용하고 있습니다.

② 미러리스 카메라

미러리스 카메라(mirrorless camera, 이하 미러리스)는 DSLR 카메라와 달리 카메라 내부의 거울을 제거한 카메라를 말합니다. 미러리스는 DSLR와 비교했을 때 상대적으로 부피가 작고 가볍다는 장점이 있습니다.

초기에는 DSLR에 비해 결과물의 화질이 떨어지는 경향이 있었으나, 지금은 기술의 발전으로 DSLR에 버금가는 높은 화질을 자랑합니다.

또한 촬영자의 특성과 사용하던 렌즈와의 호환성, 제작하고자 하는 영상을 고려한 카메라들이 제조사별로 다양하게 나오고 있어 영상 촬영자들에게 많은 사랑을 받고 있습니다.

③ 캠코더

캠코더는 영상 촬영에 특화된 카메라로, DSLR로 영상을 촬영할 수 있게 되기 전 가정용이나 방송용으로 영상을 촬영할 때 많이 사용하던 카메라입니다.

촬영 제한 시간이 없으며, 광학 줌 기능, 손 떨림 방지 기능 등 촬영에 도움이 되는 다양한 기능이 있습니다.

영상을 담아내는 센서의 크기가 크지 않아, DSLR나 미러리스처럼 아웃 포커싱 효과를 내기는 어렵습니다. 보통 학교 방송국에서 많이 사용하며 다큐멘터리나 메이킹 필름을 제작할 때도 많이 활용합니다.

④ 스마트폰 카메라

1인 1 스마트폰 시대에 접어들면서 스마트폰은 단순한 전화기의 기능을 넘어 온갖 다양하고 편리한 기능을 사용자들에게 제공하고 있습니다.

그중 스마트폰 카메라는 스마트폰이 진화할 때마다 함께 발전하고 있다고 해도 과언이 아닌데요. 제조사들은 새로운 스마트폰의 성능을 이야기할 때 카메라 화소나 기능을 빼놓지 않고 이야기하며 타사와의 차이점을 강조하곤 합니다.

최근에는 무려 4개의 카메라가 달린 스마트폰이 출시되었으며, L사의 스마트폰 카메라는 후반 편집 작업을 용이하게 하는 RAW 파일까지 지원하고 있습니다.

스마트폰 카메라의 장점은 언제 어디서나 내가 담고 싶은 것을 바로 촬영할 수 있다는 점과, 다양한 촬영 기능을 활용하여 손쉽게 전문가 느낌의 영상을 얻을 수 있다는 점입니다.

> **상상그리다필름의 Tip**
>
> 학급에서 다큐멘터리 영상을 촬영할 때에는 스마트폰 카메라를 활용하시는 것을 추천합니다. 별다른 장비 없이 바로 영상을 촬영할 수 있고, 일상을 담아내는 스마트폰의 성격과도 잘 어울립니다.
>
> 스마트폰으로 영상을 촬영할 때 몇 가지 주의하실 점이 있는데요.
>
> 첫째, 간혹 스마트폰의 화면 비율을 생각하지 못하고 세로로 촬영할 경우 편집 시 어려움을 겪을 수 있으므로, 되도록 가로로 촬영하여야 합니다.
>
> 둘째, 스마트폰의 종류에 따라 생성되는 영상 파일의 형식이 달라 편집할 때 파일 호환이 되지 않는 일이 발생할 수 있으므로 주의해야 합니다. 예를 들어 아이폰으로 영상을 촬영하면 MOV 파일로 저장되는데, 일부 편집 프로그램에서는 MOV 형식이 열리지 않습니다. 이때는 변환기 프로그램을 이용하여 MOV 파일을 MP4나 AVI로 변환하여야 합니다.

2. 좋은 영상을 얻기 위해 필요한 보조 장비

영상을 촬영하기 위해서는 카메라가 제일 중요하지만, 카메라만으로 좋은 영상을 만들기는 어렵습니다.

이번에는 좋은 영상을 얻기 위해 필요한 보조 장비를 살펴보겠습니다.

① 흔들리지 않는 영상을 얻기 위한 장비

우리가 영화나 드라마에 집중하며 빠져들 수 있는 이유로 안정적인 화면을 빼놓을 수가 없습니다. 물론 내용 전개상 극적인 움직임이나 불안정한 심리를 표현하기 위해 화면을 불규칙적으로 움직이기도 하지만, 영상 촬영의 기본은 흔들리지 않는 안정적인 영상에서 시작된다고 볼 수 있습니다. 안정적인 영상을 촬영하기 위한 장비 역시 다양합니다. 지미 지브(Jimmy Jib), 드론 등 높은 위치에서 부드럽게 영상을 담아내는 기기뿐만 아니라 레일이나 슬라이더처럼 움직임을 물 흐르듯이 이어지게 하는 장비들도 있습니다.

그중 가장 기본적이고 보편적으로 쓰이는 삼각대와, 움직이면서 영상을 촬영할 때 흔들림 없는 장면을 얻을 수 있는 짐벌을 소개합니다.

❶ 삼각대

삼각대를 활용한 촬영이 초반에는 귀찮게 느껴질 수 있으나, 삼각대를 사용하는 것은 영상의 퀄리티를 한 단계 높이는, 가장 기초적이면서 쉬운 방법입니다.

삼각대를 선택할 때에는 단지 가벼운 것을 고를 것이 아니라, 바람에 삼각대가 흔들리지 않는지 점검하며 고르는 것이 좋습니다. 또 스마트폰용 삼각대를 구입할 때에는 삼각대와 스마트폰을 연결하는 홀더가 있는지 살펴보아야 합니다.

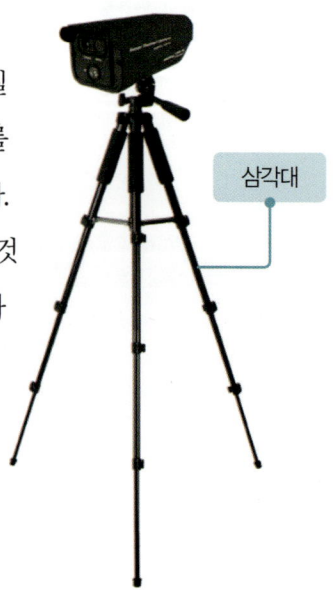

삼각대

❷ 짐벌

영상에는 다양한 컷과 앵글, 구도가 있습니다. 처음부터 끝까지 한자리에 고정된 삼각대만으로 영상을 찍는다면 정말 재미없는 그림의 영상이 나올 것입니다.

그렇다고 무작정 카메라를 손으로 들고 영상을 촬영하면 안정적이지 않은 화면이 나올 것은 불 보듯 뻔합니다. 이때 활용할 수 있는 장비가 바로 짐벌입니다. 일반 DSLR, 미러리스용 짐벌뿐 아니라 최근에는 스마트폰용 짐벌도 많이 출시되어 스마트폰으로도 안정적인 영상을 촬영할 수 있습니다.

> **상상그리다필름의 TIP**
> 짐벌 없이 움직이면서 영상을 촬영해야 할 때에는, 카메라를 최대한 몸에 밀착하고 걸음을 땅에 끌 듯 천천히 움직이며 촬영하면 흔들림을 최대한 방지할 수 있습니다.

② 영상을 아름답게 만드는 조명

영상을 보며 우리는 기쁨을 느끼기도 하고, 때론 분노나 슬픔을 느끼기도 합니다. 감독들은 감정을 표현하는 수단으로 빛을 많이 활용하는데요.

기쁨을 나타낼 때는 인물의 얼굴에 조명을 비춰 표정이 잘 살아나게 하고, 무서운 장면에서는 역광을 이용해 실루엣이 먼저 보이게 하기도 합니다. 이처럼 조명을 이용해 개인의 성격을 표현하기도 하고, 주인공이 처한 상황에 따라 각기 다른 빛을 활용하기도 하지요.

이 책에서는 다양한 조명 기기 중 누구나 쉽게 활용할 수 있는 LED 조명과, 우드록으로 자연광을 반사해서 조명 대신 활용하는 방법을 소개해 드립니다.

❶ LED 조명

현장에서는 아직 할로겐 조명이 많이 쓰이고 있습니다. 그러나 최근 LED 조명이 발전하면서 유튜버나 작은 스튜디오들은 LED 조명을 많이 사용하고 있습니다.

LED 조명의 장점은 다른 조명 장비에 비해 발열과 소음이 적고 균일한 색상을 얻을 수 있다는 점입니다. 또 최근에는 다양한 크기와 기능을 가진 LED 조명이 나오고 있습니다.

학급 영상이나 개인 취미 영상을 촬영할 때 커다란 LED 조명을 사용할 필요는 없으며, 유튜버들이 많이 사용하는 제품을 검색하여 그중 저렴한 것을 구입하면 됩니다.

❷ 반사판(우드록)

　학교에서 학생들과 영상을 촬영할 때 작은 조명은 그 성능이 매우 미미하여 사용하지 않을 때와 큰 차이가 나지 않습니다. 이때 활용할 수 있는 장비가 반사판인데요. 반사판은 장비 사이트에서 매우 저렴한 가격에 구입할 수 있습니다.

　반사판을 사는 것이 여의치 않다면 흰색 우드록을 활용해 보세요. 우드록으로 빛을 반사하여 원하는 곳에 도달시키면 깔끔하고 새로운 느낌의 영상을 담아낼 수 있습니다.

❸ 소리를 깔끔하게 담아내는 마이크

　카메라는 기본적으로 영상 촬영 시 소리를 녹음하는 기능을 갖추고 있습니다. 그러나 카메라에 내장된 마이크는 주변의 소리를 모두 담아내기 때문에 영상에 잡음이 섞이곤 합니다. 또 마이크 자체의 성능이 뛰어나지 못한 경우도 많습니다.

　DSLR와 미러리스로 영상을 촬영할 때 지향성 마이크를 활용하면 마이크 앞쪽에 있는 소리를 더 많이 받아들여 소리를 깔끔하게 녹음할 수 있습니다. 스마트폰용 마이크도 나오고 있으나, 너무 저렴한 마이크를 구입하면 기대한 만큼의 성능을 내지 못할 수 있으므로 신중하게 결정해야 합니다.

영상을 통해 지금까지 소개해 드린 카메라와 영상 촬영 장비들을 직접 눈으로 만나 보세요! 선생님들의 고민 해결에 많은 도움이 되길 바랍니다.

'영상 촬영 장비'가 궁금하시다면?
◀ 영상 보러 가기

04

자유롭지만은 않은, 저작권과 초상권

> 조혜령 선생님

선생님들께선 '저작권'과 '초상권'에 대해 얼마나 알고 계신가요?

저는 수업 영상 자료를 제작할 때 제일 어려웠던 부분이 저작권과 초상권이었어요. 언제부턴가 학교 컴퓨터에 폰트를 함부로 깔고 사용하면 안 된다는 메신저 메시지가 오고, 무료로 사용하던 프로그램들도 삭제하고 유료 프로그램을 사용하게 되었죠. 또 외부에 공개되는 제 수업 자료가 안전한가 걱정도 되고, 쌍방향 수업에서 저와 학생들의 초상권도 걱정되었어요.

선생님들도 비슷한 고민을 한 적이 있으시죠? 지금부터 고민을 시원하게 풀어 드리겠습니다.

1. 저작권 알기

①▶ 저작권의 개념

저작권이란 무엇일까요?

저작권(著作權, The Copyright)이란 "① 저작물을 ② 창작한 자[저작자] 및 기타 권리자에게 저작권법이 인정하고 있는 ③ 배타적 권리[저작인격권/저작재산권]를 주는 제도"라고 할 수 있습니다. 조금 더 자세히 살펴볼까요?

---

① 저작물은 「저작권법」 2조(정의)에 따르면 인간의 사상 또는 감정을 표현한 창작물을 말합니다. 그래서 우리가 접할 수 있는 문서, 음악, 공연, 그림, 건축, 영상, 프로그램 등 자료 대부분은 저작물에 해당합니다.

② 저작자뿐 아니라 기타 권리자들도 저작권을 가집니다. 예를 들어 아주 유명하고 오래된 클래식, 명화 등은 이미 저작권 보호 기간이 끝난 저작물입니다. 하지만 그 곡이나 그림을 누군가가 다시 연주하거나 패러디했다면, 기타 권리자의 새로운 저작물로 인정되어 저작권 보호 기간이 적용됩니다.

③ 배타적 권리에는 저작인격권과 저작재산권이 있습니다. 저작인격권에는 공표권, 성명표시권, 동일성유지권이 있고, 저작재산권에는 복제권, 공연권, 공중송신권, 전시권, 배포권, 대여권, 2차적저작물작성권이 있습니다.

참고 자료: 「저작권법」

개념만 길게 설명해 놓으니 참 어렵게 느껴지시죠?
지금부터 선생님들께서 궁금해하실 사항을 안내해 드릴게요.

② 수업 영상 제작 시 저작물 이용 안내

선생님께서 교육 목적으로 수업 영상을 만드실 때 저작물을 어디까지 사용할 수 있을까요?

궁금하실 때 「저작권법」을 공부하면 이해가 쏙쏙 되실 겁니다.

「저작권법」에 따르면 수업 영상을 제작할 경우 자료의 일부 또는 전체를 사용할 수 있으나 「저작권법」 제37조(출처의 명시)에 따라 출처를 명시해야 합니다.

> **제37조(출처의 명시)**
> ① 이 관에 따라 저작물을 이용하는 자는 그 출처를 명시하여야 한다. 다만, 제26조, 제29조부터 제32조까지, 제34조 및 제35조의2부터 제35조의4까지의 경우에는 그러하지 아니하다.
> ② 출처의 명시는 저작물의 이용 상황에 따라 합리적이라고 인정되는 방법으로 하여야 하며, 저작자의 실명 또는 이명이 표시된 저작물인 경우에는 그 실명 또는 이명을 명시하여야 한다.
>
> 출처: 「저작권법」

또한 온라인 수업에 저작권이 있는 게시물을 사용할 때에는 복제 방지 조치 등을 해야 하는데요. 그 내용은 「저작권법 시행령」 제9조에서 알려 주고 있습니다.

> **제9조(교육기관의 복제방지조치 등 필요한 조치)** 법 제25조제12항에서 "복제방지 조치 등 대통령령으로 정하는 필요한 조치"란 다음 각 호의 조치를 말한다.
> 1. 불법 이용을 방지하기 위해 필요한 다음 각 목에 해당하는 기술적 조치
>   가. 전송하는 저작물을 수업을 받는 자 외에는 이용할 수 없도록 하는 접근제한조치
>   나. 전송하는 저작물을 수업을 받는 자 외에는 복제할 수 없도록 하는 복제방지조치
> 2. 저작물에 저작권 보호 관련 경고문구의 표시
> 3. 전송과 관련한 보상금을 산정하기 위한 장치의 설치
>
> 출처: 「저작권법 시행령」

즉, 클래스룸이나 밴드 등 가입이 제한된 곳에 수업 영상을 올리고, 링크를 가진 사람들만 영상을 볼 수 있도록 접근을 제한해야 합니다.

또 2021년 6월 이후 유튜브 정책이 변경되면서 모든 영상에 광고가 붙습니다. 따라서 영상 링크가 있는 사람들만 영상을 볼 수 있도록 반드시 1. 가. 부분의 조치를 하셔야 문제가 되지 않습니다.

또한 아래 예시처럼 복제 방지 문구를 삽입하는 등의 조치가 필요합니다.

복제 방지 문구 예시

|예시 1|
본 수업 자료는 저작권법 제25조2항에 따라 학교 수업을 목적으로 이용되었으므로, 본 수업 자료를 외부에 공개, 게시하는 것을 금지하며, 이를 위반하는 경우 저작권 침해로서 관련법에 따라 처벌될 수 있습니다.

|예시 2|
본 강의(수업) 자료는 ○○○학교 학생들을 위해 수업 목적으로 제작·게시된 것이므로 수업 목적 외 용도로 사용할 수 없으며, 다른 사람들과 공유할 수 없습니다. 위반에 따른 법적 책임은 행위자 본인에게 있습니다.

참고 자료: 교육부·문화체육관광부, 「코로나19로 인해 원격 수업을 실시하는 기간 중 수업 목적(고등학교 이하) 저작물 이용 FAQ[ver.2]」, 2020. 8. 28.

저작권을 잘 알고 보호하며 사용하는 것은 저작권자가 더 좋은 콘텐츠를 만들 수 있는 계기로 작용하고, 나아가 창작 저작물을 보호하는 데 큰 힘이 됩니다.

상상그리다필름의 Tip

상업적인 목적으로 영상을 올리거나, 유튜브 등 개인 계정으로 모두에게 영상을 공개하여 업로드하는 경우는 교육적인 목적으로 볼 수 없으므로, 저작권을 더 철저하게 공부하고 저작물 사용에 주의하셔야 합니다.

2. 초상권 알기

① 초상권의 개념

초상권에 대해서도 알아볼까요?

초상권이란 자신의 초상이 허가 없이 촬영되거나 공표되지 않을 권리를 말합니다.

우리나라는 현행법상 초상권에 관한 직접적 권리는 없지만,「대한민국헌법」제10조가 "모든 국민은 인간으로서의 존엄과 가치를 가지며 행복을 추구할 권리를 가진다. 국가는 개인이 가지는 불가침의 기본적인 인권을 확인하고 이를 보장할 의무를 진다."라고 규정하고 있는데요. 여기서 인간으로서의 존엄과 가치에 근거하는 인격권의 일부로 초상권을 포함하고 있습니다.

초상권의 개념은 다음 판례에서도 확인할 수 있습니다.

> 1. 얼굴 기타 사회 통념상 특정인임을 알 수 있는 신체적 특징을 함부로 촬영 또는 작성되지 아니할 권리(촬영, 작성 거절권)
> 2. 촬영된 사진 또는 작성된 초상이 함부로 공표 복제되지 아니할 권리(공표거절권)
> 3. 초상이 함부로 영리 목적에 이용되지 아니할 권리(초상영리권)를 포함하고 있으며 승낙에 의해 촬영된 사진이라도 이를 함부로 공표하는 행위, 일단 공표된 사진이라도 다른 목적에 사용하는 행위는 모두 초상권의 침해에 해당합니다.
>
> 출처: 서울지방법원 1997. 8. 7. 선고 94 가합 8022 판결

② 수업 영상 제작 시 초상권 보호 방법

수업 영상을 제작할 때 선생님과 학생들의 초상권은 꼭 보호되어야 하는데요. 학생들의 얼굴이 영상에 들어간다면 학기 초에 반드시 초상권 동의서를 받아 두셔야 합니다. 그래야 영상을 활용할 때 초상권 문제가 발생하는 것을 예방할 수 있습니다.

초상권 동의서에 정해진 틀은 없습니다. 하지만 나중에 초상권과 관련한 문제를 예방하려면 아래 내용을 꼭 포함하시면 좋습니다.

1. 초상권이 사용되는 목적, 촬영 내용 등 촬영에 대한 자세한 내용
2. 촬영·영상 활용 등의 동의 여부를 묻는 체크 박스
3. 촬영한 영상의 정보 제공 기한
4. 정보가 활용되는 사이트(예: 블로그, 유튜브 등)
5. 학생과 학부모의 사인

※ '비바샘 > 상상그리다필름의 영상클래스 > 저작권과 초상권'에서 저작권 및 초상권 사용 동의서 예시를 다운로드하실 수 있습니다.

앞에서 저작권 관련하여 복제 방지 문구를 삽입한 것처럼, 수업 영상에도 영상의 시작과 끝에 함부로 영상을 배포하지 않겠다는 문구를 남겨 두면 선생님과 학생들의 초상권을 보호할 수 있습니다.

상상그리다필름의 Tip

영상 촬영을 꺼리는 학생이 있다면, 그 학생은 화면 뒤쪽에 나오게 하거나 뒷모습을 촬영하는 등의 방법으로 소외감을 느끼지 않도록 배려해 주시면 좋습니다.

3. 저작권과 초상권으로부터 안전한 자료들

저작권과 초상권에 대해서 알고 나니 마음이 조금 편해지셨나요? 아니면 더 막막해지셨나요?

저는 조금 막막하더라고요. 마음 편히 사용할 수 있는 무료 자료나 이미지는 어디에서 구할 수 있는지 궁금해지기도 하고요. 그래서 선생님들께 저작권과 초상권으로부터 안전한 자료들을 소개해 드리려고 합니다.

① 크리에이티브 코먼스 라이선스가 표시된 창작물 사용하기

크리에이티브 코먼스 라이선스(Creative Commons License)는 저작자가 자신의 저작물을 다른 이들이 자유롭게 쓸 수 있도록 미리 허락하는 라이선스입니다. 그래서 저작자가 표시한 이용 허락 조건에 따라 이용하면 저작권 문제에서 자유로울 수 있습니다.

👤	**저작자 표시(Attribution)** • 저작자의 이름, 출처 등 저작자를 반드시 표시해야 한다는 필수 조건입니다. • 저작물을 복사하거나 다른 곳에 게시할 때도 반드시 저작자와 출처를 표시해야 합니다.
🚫$	**비영리(Noncommercial)** • 저작물을 영리 목적으로 이용할 수 없습니다. 따라서 영리 목적을 위해서는 별도의 계약이 필요합니다.
=	**변경 금지(No Derivative Works)** • 저작물을 변경하거나 저작물을 이용해 2차 저작물을 만드는 것을 금지한다는 의미입니다.
↻	**동일 조건 변경 허락(Share Alike)** • 2차 저작물 창작을 허용하되, 2차 저작물에 원 저작물과 동일한 라이선스를 적용해야 한다는 의미입니다.

② 한국저작권위원회 공유마당의 자료 활용하기

한국저작권위원회 공유마당에서 제공하는 자료를 활용하시면 됩니다. 안전한 무료 폰트부터 이미지, 동영상 등을 쉽게 다운로드하실 수 있습니다.

* 주소: gongu.copyright.or.kr

③ 유튜브 스튜디오 <오디오 보관함>의 무료 음악 활용하기

영상을 유튜브에 게시할 예정이라면 유튜브 스튜디오의 <오디오 보관함>에서 무료 음악을 다운로드하여 사용하실 수 있습니다.

* 주소: studio.youtube.com

④ 미리캔버스 이미지 활용하기

미리캔버스는 저작권 걱정 없이 무료 이미지를 편집하여 사용할 수 있는 사이트입니다. 선생님만의 예쁜 디자인 이미지, 섬네일 등을 만드실 수 있습니다.

* 주소: www.miricanvas.com

⑤ 에듀넷 자료 활용하기

온라인 수업을 위한 자료를 학생들과 공유하실 때는 에듀넷에 나와 있는 e학습터, 위두랑, 에듀넷, 디지털교과서, 지식샘터에 들어가서 다양하고 전문적인 자료를 사용하실 수 있습니다.

* 주소: info.edunet.net

안내해 드린 내용이 유익하셨나요? 저작권과 초상권, 제대로 알면 저작권자와 초상권자의 권리를 지켜줄 수 있고, 또 우리 선생님들의 권리도 지킬 수 있습니다!

쌤 인터뷰

Q 선생님은 어떻게 영상에 관심을 가지게 되었나요?

성도쌤 저는 학교에서 있었던 일들을 기록하기 위해서 자주 사진 촬영을 했습니다. 아이들이 학교에서 공부하고, 즐겁게 뛰노는 모습을 촬영하여 기록으로 남기는 일이 무척 즐거웠어요. 그러다가 사진과는 다른 영상의 장점을 알게 되었고, 관심사가 비슷한 선생님들과 모임을 가지면서 영상 편집을 배우게 되었죠.

영식쌤 저도 노성도 선생님처럼 교직 생활을 하면서 영상 편집을 처음 접했습니다. 6학년 담임을 하다 보니 자연스럽게 졸업 영상을 제작하게 되었고, 영상 편집 능력이 있으면 좋겠다는 생각이 들었죠. 그러다 우연히 '상상그리다필름'을 만나게 되었어요. 유튜브를 보며 공부하기도 하고, 선생님들께 배우기도 하면서 자연스럽게 영상과 친해졌습니다. 지금도 배우는 단계지만, 점점 나아지는 작품들을 보면서 뿌듯한 마음이 들더라고요.

준웅쌤 저는 영상 공모전을 접하면서 영상에 관심을 갖게 되었어요. 공모전에 출품할 영상을 만들려고 영상 편집을 시작했고, '상상그리다필름'의 도움을 받아 영상을 처음 제작해 보았죠. 또 최영식 선생님처럼 6학년 졸업 영상을 제작하게 되면서 영상에 대한 관심도가 점점 높아졌습니다.

민지쌤 저는 예전부터 유튜브, 영화, 뮤직비디오 등 영상을 많이 봤는데, 영상의 세련미와 전달력에 감탄한 적이 많았어요. 언젠가부터 저도 저런 영상을 만들어 보고 싶다는 생각이 들었고, 지금은 이렇게 열심히 만들고 있네요. 배서진 선생님과 조혜령 선생님은 중고등학교 선생님이시잖아요. 어떤 계기로 영상에 관심을 가지게 되셨어요?

서진쌤 저에겐 코로나19로 인해 수업 영상을 온라인으로 올려야 하는 상황이 큰 계기로 작용했어요. 온라인 수업을 시작할 당시 고등학교 2학년 수학 과목을 담당했었는데, 교실에서 학생들과 함께하던 수업을 카메라 앞에서 혼자 진행하려니까 너무 막막하더라고요. 결국 교과서 문제를 PPT 파일로 만든 다음, 펜 마우스를 이용해서 수업 영상을 녹화했습니다. 그런데 완성된 영상을 보니 너무 미흡하더라고요. 그러던 찰나, 경기도 교사 연구회 공문에서 '상상그리다필름'을 발견하여 바로 지원했습니다. 또 유튜브에 있는 강의 영상을 매일 찾아보고, '상상그리다필름' 연수에서 다른 선생님들의 강의를 들으면서 영상에 더 많은 관심을 가지게 되었어요.

혜령쌤 저는 국어를 가르치고 있는데, 신규 교사 때 연수에서 '시 영상 만들기' 수업 사례를 듣고 정말 좋은 수업이라고 생각했어요. 이듬해에 바로 제 수업에 적용해 보았는데, 편집 프로그램을 다룰 수 있는 학생이 있는 모둠과 그렇지 않은 모둠의 작품 완성도가 크게 차이 나더라고요. 저 역시 영상 편집 프로그램을 다루지 못하니까 아무런 도움을 줄 수 없었고요. 수업이 끝나고 부끄러움이 밀려왔어요. 선생님도 잘 알지 못하는데, 학생들에게 알아서 영상을 만들라고 한 셈이 되어 버렸거든요. 그때부터 영상 편집에 본격적으로 몰두하게 되었죠. 저와 달리 예전부터 많은 영상을 제작하신 정도행 선생님은 어떤 계기로 영상에 관심을 가지셨나요?

도행쌤 라떼 이야기로 시작해야 할 것 같네요. 교대 2학년 재학 시절, 교대 방송국에서 뮤직비디오 페스티벌 공고를 보았어요. 그때 "이건 꼭 참가해야 해!"라는 외침과 함께 무언가 저의 머리를 강하게 치는 느낌을 받았습니다. 마치 운명처럼 말이죠. 저는 홀린 듯 가정용 캠코더를 바로 구매하고, 한 번도 써 본 적이 없는 시나리오를 쓰고, 대학 동기들을 캐스팅하며 뮤직비디오를 제작했습니다. 당시엔 영상 편집을 전혀 할 줄 몰랐기에, 편집 업체에 6mm 테이프를 들고 찾아가 편집자 옆에 앉아 편집을 진행했던 기억이 있습니다. 이때가 2002년이었고, 그 이후 지금까지 영상과 함께하고 있네요. 정말 영상과의 강렬하고도 뜨거운 만남이었습니다.

PART
2

우리 학생들 멋지게 **촬영**하기

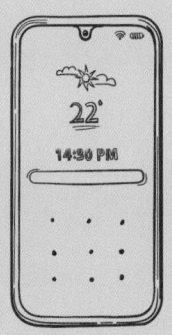

01
이것만 알면
스마트폰 촬영 고수!

> **최영식 선생님**

　사진을 전문적으로 공부하거나 취미로 삼는 분들을 제외하고 우리는 주로 스마트폰을 활용하여 사진이나 영상을 촬영합니다. 가장 간편하면서도 품질이 떨어지지 않기 때문이죠. 실제로 요즘의 스마트폰은 정말 놀라울 정도의 기능을 갖추고 있습니다.

　그런데 같은 스마트폰을 사용해서 촬영하더라도, 결과물의 퀄리티는 사람마다 확연히 차이가 나곤 합니다. 누군가 SNS에 올린 음식 사진은 매우 맛있어 보이고, 누군가의 사진첩에 있는 사진은 실물의 느낌을 살리지 못하곤 하는데요.

　이번 시간에는 스마트폰을 활용해 촬영할 때, 아주 간단한 요소들을 고려함으로써 결과물의 질을 올리는 방법을 소개합니다!

1. 스마트폰 카메라 렌즈 닦기

처음 스마트폰을 사고 감탄사가 나올 만큼 마음에 드는 사진을 찍었습니다. 그런데 6개월이 지난 후 스마트폰 사진첩을 보니, 사진이 뿌옇게 보이고 선명도도 떨어져 있습니다. 왜 그럴까요?

바로 카메라 렌즈 표면의 이물질 때문인데요. 스마트폰을 자주 사용하다 보면 렌즈에 지문이 묻기도 하고, 주머니에 넣었다가 꺼낼 때 먼지 등의 이물질이 묻기도 합니다.

스마트폰으로 촬영을 잘하는 첫 번째 방법은 바로 '카메라 렌즈 닦기'입니다. 촬영 전에 렌즈 표면을 깨끗하게 닦는 습관만으로도 훨씬 더 선명한 결과물을 만드실 수 있습니다.

▲ 카메라 렌즈를 닦지 않고 촬영한 사진

▲ 카메라 렌즈를 닦고 촬영한 사진

> **상상그리다필름의 Tip**
>
> 스마트폰 카메라 렌즈를 닦을 때는 먼저 입으로 렌즈를 후후 불어 준 뒤, 극세사 천이나 안경 닦이의 깨끗한 부분으로 닦아 주세요. 휴지는 나무를 이용하여 만든 재질로 표면이 거칠거칠하여 렌즈에 손상을 줄 수 있으므로 되도록 사용하지 않는 것이 좋습니다. 순면이 아니라 나일론 소재가 포함된 티셔츠 역시 렌즈에 흠집을 낼 수 있으므로 조심해야 합니다.

2. 조명 사용하기

날씨가 맑은 야외에서 스마트폰으로 인물이나 자연환경을 촬영하면 매우 선명하고 만족스러운 영상을 얻을 수 있습니다. 태양 빛은 가장 좋은 조명이기 때문이죠.

실내에서 촬영할 때는 어떻게 해야 할까요?

날씨가 맑은 날에는 창가에서 햇빛을 받으며 촬영하는 것만으로 선명한 화질의 영상을 얻을 수 있습니다. 날씨가 맑지 않다면 조명을 사용하여 주위 환경을 밝게 만들어 주어야 합니다. 형광등을 사용하거나, 가능하다면 조명 기구를 이용하는 것도 좋습니다.

조명을 사용하는 방법도 여러 가지가 있습니다. 피사체(사진에 찍히는 대상)가 조명(빛)을 받는 방식에 따라 순광, 측광, 역광으로 나눌 수 있습니다.

① 순광

- 순광은 조명이 피사체를 정면으로 비추는 것입니다.
- 촬영하는 사람은 빛이나 태양을 등진 상태가 되며, 조명, 카메라, 인물이 일직선을 이룹니다.
- 평면적이고 부드러운 느낌, 정적인 느낌을 줍니다.
- 우리가 일반적으로 촬영할 때 대부분 순광을 이용합니다.

조명(빛)   스마트폰 카메라   피사체

②측광

- 측광은 조명이 피사체를 옆쪽에서 비추는 것입니다.
- 피사체와 카메라가 일직선을 이루고, 조명은 피사체를 90도 방향에서 비추는 상태에서 찍습니다.
- 피사체에 그림자가 생기고 명암 대비가 뚜렷하게 나타납니다. 그래서 시각적으로 강한 느낌을 주고, 주제를 뚜렷하게 나타낼 수 있습니다.

조명(빛)

스마트폰 카메라   피사체

③역광

- 역광은 조명이 피사체를 뒤쪽에서 비추는 것입니다.
- 촬영하는 사람이 조명을 정면으로 마주 보고 있는 상태에서 촬영합니다.
- 피사체가 어둡게 찍히므로, 특별한 목적이 없다면 인물을 촬영할 때는 피하는 것이 좋습니다.

스마트폰 카메라   피사체   조명(빛)

실내에서 촬영할 때는 되도록 순광으로 촬영하고, 빛의 양을 늘려 주어야 합니다.

조명이 없다면 학교에서 쉽게 볼 수 있는 우드록 뒷면의 흰색 부분을 반사판처럼 사용할 수 있는데요. 피사체에 빛이 반사되도록 우드록을 두고 촬영하면 선명한 느낌을 연출할 수 있습니다.

조명과 우드록을 동시에 사용하면 더 좋습니다. 이때는 조명을 피사체에 직접 비추는 것보다, 우드록이나 흰 벽에 조명을 비추고 반사된 빛이 피사체에 닿게 하면 자연스럽고 부드러운 느낌을 연출할 수 있습니다.

아래 사진과 영상으로 조명과 우드록을 어떻게 활용하는지 확인해 보세요.

'조명과 우드록 활용법'이 궁금하시다면?
▼영상 보러 가기

3. 흔들림 최소화하기

스마트폰은 한 손에 쥐어질 만큼 작은 크기여서, 촬영 시 작은 움직임에도 화면이 많이 흔들리곤 하는데요.

지정된 위치에서 피사체가 거의 움직이지 않는 장면을 촬영할 때는 '삼각대'를 사용합니다. 삼각대가 없다면 주변 사물을 활용해 스마트폰을 고정해 놓고 촬영하면 좋습니다.

피사체가 움직이거나 공간 이동이 필요한 장면을 촬영할 때는 촬영하는 사람이 최대한 움직이지 않아야 합니다. 스마트폰의 '손 떨림 방지 기능'을 사용하면 흔들림을 조금이나마 보정해 줄 수 있습니다.

'짐벌'을 사용하는 것도 추천합니다. 짐벌은 쉽게 말해 수평을 유지해 주는 장치로, 영상이나 사진을 촬영할 때 결과물의 흔들림을 최소화해 줍니다. 비싸지 않은 스마트폰 짐벌만으로도 영상의 퀄리티를 향상시킬 수 있습니다.

아래의 자료를 통해 한 손으로 스마트폰을 잡고 걸었을 때, 팔꿈치를 옆구리에 최대한 밀착하고 두 손으로 스마트폰을 잡고 걸었을 때, 스마트폰 짐벌을 사용하고 걸었을 때의 촬영 영상을 보시면, 화면의 흔들림이 영상에 몰입하는 데 얼마나 큰 영향을 미치는지 알 수 있습니다.

짐벌을 사용하여 촬영한 영상

촬영 모습 영상

"촬영 방법별 화면 흔들림 정도'가 궁금하시다면?
▼영상 보러 가기

4. 3분의 1 법칙 지키기

드라마나 영화를 보면, 신기하게도 화면을 가로로 삼등분했을 때 위에서 3분의 1 지점에 인물들의 눈이 걸립니다. 그 이유는 위에서 3분의 1 지점에 인물의 눈이 있을 때 화면 구도가 가장 안정적이기 때문입니다.

따라서 내가 찍고자 하는 피사체가 화면의 위에서 3분의 1 지점에 있다면 영상을 보는 사람이 편안함을 느낄 수 있습니다.

스마트폰으로 영상을 촬영할 때 3분의 1 법칙을 지키려면, 휴대폰 설정에서 수직/수평 안내선 또는 격자선 기능을 켭니다. 촬영 화면에 십(十) 자 형태의 흰색 격자무늬가 나타나는데요. 가운데 사각형에 피사체를 놓고 촬영하면 내가 촬영하고자 하는 주제를 효과적으로 드러낼 수 있습니다.

또 격자무늬 가로선에 배경의 수평선 부분을 맞추거나, 세로선에 가로등처럼 세로 길이가 긴 사물을 맞춰서 촬영하면 더욱 안정감 있는 영상을 얻을 수 있습니다.

> **상상그리다필름의 Tip**
>
> 안정된 구도의 영상이 반드시 좋다는 것은 아닙니다. 안정된 구도, 예상이 가능한 뻔한 장면 전환은 영상을 보는 사람이 지루하다고 느낄 수 있습니다. 때로는 사람의 일반적인 시선이 아닌, 수직으로 항공 뷰를 촬영하거나 피사체를 밀접 촬영하는 등 다양한 화각으로 촬영하면 영상을 보는 사람에게 신선함을 줄 수 있습니다.

5. 영상 편집을 고려할 때 주의할 점

스마트폰 촬영 시, 영상 편집을 고려하여 주의해야 할 점이 있습니다.

① 최소 Full HD(=1,920×1,080픽셀, 초당 30프레임)로 촬영하고, 가능하다면 더 큰 크기인 QHD(=2,560×1,440픽셀, 초당 30프레임)로 촬영하시기를 권장합니다. 이보다 작은 크기로 촬영하면 편집 시 영상을 자르거나 확대할 때 화면이 깨질 수 있습니다.

② 영상 촬영 시작 버튼을 누르고 3초 뒤에 촬영을 시작하고, 촬영을 종료하기 전에 3초의 여유를 두고 종료 버튼을 누르시기 바랍니다. 영상 앞뒤로 3초 정도 여유를 둔다고 생각하시면 됩니다. 촬영이 시작되고 카메라가 초점을 잡는 동안 화면이 흔들리는 것을 예방하고, 편집할 때도 영상 앞뒤로 약간의 여유가 있어야 장면을 연결하기도 쉽고 자연스러운 효과를 적용할 수 있습니다.

③ 촬영 시작 버튼을 누르고 손뼉을 한 번 친 다음 촬영하는 것을 추천합니다. 손뼉은 영화나 드라마 촬영을 할 때 치는 슬레이트 역할을 합니다. 영상 촬영을 시작할 때 손뼉을 한 번 치면 스마트폰이 소리를 인식하면서 영상에 필요한 소리를 처음부터 끝까지 완벽하게 녹음할 수 있습니다. 이 과정이 없으면 영상에 담긴 소리의 첫 부분이 작게 녹음되는 문제가 발생할 수 있습니다.

④ 영상의 주제와 내용을 정하고 촬영해야 합니다. 찍을 내용이 정리되지 않은 상태에서 촬영하면, 편집할 때 막상 쓸 만한 영상이 별로 없을 것입니다. 프리 프로덕션(pre-production) 과정을 중요하게 생각하고, 무엇을 찍을지 주제와 계획을 잘 짜야 합니다.

어떠셨나요? 자신감이 조금 생기셨나요?
주머니 안의 스마트폰을 꺼내, 선생님의 일상을 멋지게 담아 보시기 바랍니다.

02
우리 반 아이들 인생 사진, 찍어 봅시다

> 노성도 선생님

    필름 카메라를 쓰던 시절, 사진을 찍는 일은 참으로 번거로웠습니다. 사진을 찍으려면 필름을 사서 카메라에 끼워야 했고, 찍은 사진을 확인하려면 사진관에 인화를 맡겨야만 했죠. 영상을 찍을 때는 무거운 비디오 카메라를 사용해야 했고요.

    하지만 지금은 다릅니다. 찍은 사진을 바로 확인할 수 있고, 마음에 들지 않으면 삭제하고 다시 찍을 수 있는 디지털카메라도 있고요. 현대인의 필수품, 스마트폰도 카메라 기능을 갖추고 있어 언제 어디서든 쉽게 사진과 영상을 촬영할 수 있습니다. 이렇게 누구나 쉽게 사진과 영상을 찍을 수 있게 되면서, 이제는 '어떻게 잘 찍느냐'가 중요해졌는데요.

    예쁜 사진과 영상! 조금만 알면 누구나 찍을 수 있습니다. 지금부터 알려 드리는 팁을 하나씩 적용해 보면서 우리 반 인생 사진을 함께 찍어 볼까요?

1. 사진과 영상 촬영의 종류

사진과 영상 촬영은 찍는 대상에 따라 크게 풍경 촬영, 인물 촬영, 스냅 촬영 등으로 구분할 수 있습니다. 풍경 촬영은 산, 들, 강, 바다와 같은 자연이나 지역의 모습을 찍는 것이고, 인물 촬영은 1명 또는 그 이상의 인물 모습을 찍는 것입니다. 스냅 촬영은 재빠르게 순간적인 장면을 촬영하는 것으로 피사체의 자연스러운 동작이나 표정을 담을 수 있습니다.

 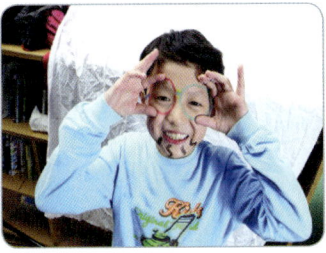 

▲ 풍경 촬영　　　　　▲ 인물 촬영　　　　　▲ 스냅 촬영

학교에서 찍는 사진과 영상은 교실이나 운동장에서의 교육 활동, 또는 쉬는 시간이나 점심시간의 아이들 모습이 대부분입니다. 즉, 학교에서는 주로 스냅 촬영과 인물 촬영을 하게 되는데요. 스냅 촬영과 인물 촬영을 할 때 고려해야 할 점은 무엇일까요?

상상그리다필름의 TIP

렌즈 교환이 가능한 DSLR 카메라나 다양한 기능이 있는 캠코더를 이용하면 훨씬 더 좋은 품질의 사진과 영상을 얻을 수 있겠지만, 학교에서 선생님들은 보통 스마트폰으로 간단하게 촬영하는 경우가 많습니다.

요즘 스마트폰에 내장된 카메라의 기능은 매우 우수합니다. 셔터 스피드, 감도(ISO), 초점 모드와 같은 설정값을 조절하고, 몇 가지 사항을 고려한다면 스마트폰 카메라로도 충분히 훌륭한 사진과 영상을 찍을 수 있습니다.

용어들이 너무 어렵다고요? 걱정하지 마세요. 지금부터 쉽게 설명해 드리겠습니다.

2. 스냅 촬영을 잘하는 팁!

① 셔터 스피드 조절하기

스냅 촬영을 할 때는 찍히는 대상이 움직이고 있을 때가 많습니다. 체육 시간에 신체 활동을 하는 모습을 찍거나, 미술 시간에 무언가 만드는 모습을 찍을 수도 있지요.

스냅 사진을 선명하게 찍으려면 '셔터 스피드'를 빠르게 설정하는 것이 좋습니다. 셔터 스피드란 '카메라 셔터 막이 열리고 닫히는 속도'를 뜻합니다. 셔터 스피드가 빠르면 셔터가 빠르게 열리고 닫히기 때문에 움직이는 대상을 순간적으로 포착하여 정지된 상태로 표현할 수 있습니다.

셔터 스피드의 단위는 '초(second)'이며 분수 형태로 표시하는데, 분모의 크기가 클수록 셔터 스피드가 빠릅니다. 즉 1/1,000초, 1/500초와 같이 셔터 스피드를 빠르게 설정하면 움직이는 대상이 정지된 것처럼 보이고, 1/8초, 1/4초처럼 느리게 설정하면 움직임이 사진에 그대로 나타납니다.

▲ 셔터 스피드를 빠르게 설정하고 높이뛰기를 하는 선수를 담은 사진

▲ 셔터 스피드를 느리게 설정하고 쥐불놀이의 움직임을 담은 사진

상상그리다필름의 Tip
셔터 스피드를 빠르게 설정하더라도 카메라가 흔들리면 선명한 사진을 찍을 수 없습니다. 작은 스마트폰으로 촬영할 때에도 두 손으로 안정적으로 잡고 촬영하고, 삼각대나 짐벌을 사용하면 더 좋습니다.

② 감도(ISO) 조절하기

셔터 스피드를 빠르게 설정하면 움직이는 대상을 흔들림 없이 포착할 수 있지만, 그만큼 빛이 들어오는 시간도 짧아져 사진이 어둡게 나옵니다. 이런 경우 감도(ISO)를 높여 밝기를 보완할 수 있습니다.

감도는 '카메라의 이미지 센서가 빛에 반응하는 정도'를 말합니다. 감도의 수치를 높이면 사진이 밝게 나오지만, 적정 감도를 넘어서면 사진의 화질이 낮아지거나 불규칙한 점들이 생기는 노이즈 현상이 발생하므로 적절한 수치를 잘 찾아서 사용해야 합니다.

▲ ISO 100   ▲ ISO 200   ▲ ISO 400   ▲ ISO 800

③ 초점 맞추기

움직이는 대상을 영상으로 촬영할 때 가장 중요한 점은 '초점 맞추기'입니다. 카메라의 초점이 제대로 맞지 않은 채로 움직이는 대상을 촬영하면 촬영한 결과물이 흐릿하게 보일 수 있습니다.

이를 방지하려면 카메라의 초점이 맞는지 꼭 확인해야 하는데요. 가장 쉬운 방법은 카메라의 초점을 '자동 초점'으로 설정하고 촬영하는 것입니다. 자동 초점은 카메라가 피사체를 감지하여 자동으로 초점을 맞춰 주는 매우 편리한 기능입니다. 자동 초점을 사용하려면 카메라에서 초점 모드를 AF로 설정하면 됩니다. AF는 자동 초점(Auto Focus), MF는 수동 초점(Manual Focus)을 뜻합니다.

3. 인물 촬영을 잘하는 팁!

① 숏 활용하기

인물 촬영을 할 때 쓰이는 숏의 종류에는 인물의 몸 전체가 나오는 풀 숏(full shot), 무릎까지 나오는 니 숏(knee shot), 허리까지 나오는 웨이스트 숏(waist shot), 가슴까지 나오는 버스트 숏(bust shot), 얼굴만 나오는 클로즈 숏(close shot)이 있습니다.

학생이 한 명이든 여러 명이든, 인물의 표정보다 행동을 중점으로 표현하고 싶다면 풀 숏이나 니 숏으로 찍는 것이 좋습니다. 니 숏을 찍을 때는 발목 위 무릎 아래 부분까지 나오도록 찍는 것이 안정적으로 보입니다.

인물의 표정이 잘 드러나도록 찍는 것이 목적이라면 웨이스트 숏이나 버스트 숏으로 촬영하는 것이 좋습니다. 웨이스트 숏을 찍을 때는 인물의 허리 부분까지 나오도록 찍고, 버스트 숏을 찍을 때는 배꼽 위 정도까지 나오도록 찍는 것이 안정적입니다.

▲ 풀 숏

▲ 웨이스트 숏

▲ 버스트 숏

②조명(빛) 활용하기

　인물 촬영을 할 때 인물의 표정이 돋보이게 하는 방법 중 하나는 조명을 활용하는 것입니다. 실제로 전문적인 촬영 작가들은 조명과 반사판을 이용해 촬영을 합니다. 하지만 교실에서 아이들을 촬영할 때마다 조명과 반사판을 사용하기에는 가격도 부담스럽고, 매번 설치하기도 번거롭습니다.

　이때, 교실에 있는 몇 가지 용품을 활용하여 그 기능을 대신할 수 있는데요.

　교실 안(실내)에서 학생 한 명이 책상을 앞에 두고 의자에 앉아 있는 사진을 찍을 때, 책상 위에 흰색 A4 용지 2~3장이나 흰색 우드록을 놓고 촬영하면 전등의 빛을 반사하여 학생의 얼굴을 환하게 촬영할 수 있습니다. 이보다 더 밝은 빛을 원한다면 은색 쿠킹 포일을 이용하면 됩니다.

　야외에서 사진을 찍을 때는 햇빛이 피사체(인물)를 정면으로 비추게 하고, 촬영하는 사람이 해를 등지고 촬영하는 것(순광)이 좋습니다. 인물이 해를 등진 상태로 촬영하면(역광) 사진이 어둡게 찍히므로, 사진에 인물의 표정이 잘 드러나지 않습니다.

▲ 역광

▲ 순광

또 한낮에 사진을 찍으면 볕이 너무 강해서 인물의 표정이 일그러지거나, 얼굴의 입체감이 흐릿하게 나오기도 합니다. 그래서 볕이 강한 시간보다는 오전이나 오후에 찍는 것이 좋습니다. 구름이 많은 흐린 날에는 빛이 은은하게 퍼지고, 찡그린 얼굴로 사진을 찍지 않아도 된다는 장점이 있습니다.

> **상상그리다필름의 TIP**
> 야외에서 사진을 찍을 때 강한 햇빛 때문에 인물의 표정이 일그러지는 경우가 종종 있는데요. 그럴 때 밝은 색 우산으로 그늘을 만들고 촬영하면 인물이 표정을 찌푸리지 않아도 되고, 부드러운 느낌의 사진을 찍을 수 있습니다. 검은색 우산은 너무 많은 빛을 차단하므로 날씨에 따라 조정하여 사용해야 합니다.

③ 배경 주의하기

실내와 야외 구분 없이 인물을 찍을 때 주의해야 할 것은 바로 배경입니다. 인물 사진은 인물이 부각되어야 하는데, 간혹 초점을 맞추지 않고 찍으면 인물 외의 다른 것이 부각되는 경우가 있으니 주의해야 합니다.

배경의 가로선과 세로선의 위치도 확인해야 합니다. 배경의 가로선(예: 수평선)이 인물의 눈이나 목을 지나가면, 보이지 않는 연장선 효과 때문에 이 부분이 잘린 것처럼 느껴질 수 있습니다. 배경의 세로선(예: 기둥) 또한 머리 위를 지나가게 촬영하면, 선이 머리를 관통하는 것처럼 보일 수 있으므로 조심해야 합니다.

또 주제가 되는 인물은 선명하게, 뒷배경은 흐릿하게 표현하는 기법을 '아웃 포커스'라고 하는데요. 아웃 포커스의 특징을 잘 살리려면 카메라와 인물은 가깝게, 인물과 뒷배경의 거리는 멀게 촬영하는 것이 좋습니다. 따라서 교실보다 넓은 야외에서 촬영할 때 아웃 포커스 효과가 더 잘 나타납니다.

④ 학생의 눈높이 맞추기

초등학생들은 대부분 선생님보다 키가 작습니다. 따라서 선생님들은 스마트폰으로 학생들을 촬영할 때 주로 내려다보는 방식으로 찍곤 합니다. 이런 구도로 촬영하면 원근감 때문에 카메라에서 가까운 얼굴은 실제보다 크게, 다리는 짧게 나오므로 주의해야 합니다.

학생들의 눈높이에 맞춰서 사진이나 영상을 찍으면 자연스럽고 안정적인 결과물을 얻을 수 있습니다. 학생이 서 있는 상태라면 선생님은 무릎을 꿇고 촬영하고, 학생이 의자에 앉아 있는 상태라면 선생님도 의자에 앉아서 촬영하면 눈높이를 맞출 수 있습니다.

또 학생들은 선생님이 들고 있는 스마트폰을 쳐다보지 않고 정면을 볼 수 있도록 합니다.

▲ 어른의 시선으로 내려다보며 촬영한 사진

▲ 학생들의 눈높이를 맞춰 촬영한 사진

⑤ 깔끔하게 녹음하기

영상을 촬영할 때에는 소리가 어떻게 녹음이 될지도 고민해야 합니다.

선생님(카메라)과 학생(피사체)의 거리가 멀면 화면에 담기는 모습도 작아지지만, 잡음이 함께 녹음되기도 합니다. 이를 방지하려면 마이크를 별도로 사용하는 것이 가장 좋습니다.

만약 별도의 마이크 사용이 어렵다면 촬영을 최대한 학생들 가까이에서 하는 방법, 잡음이 없는 공간에서 촬영하는 방법이 있습니다. 카메라와 피사체 거리가 멀 때는 스마트폰을 두 개 준비하여 하나는 촬영을 하고, 하나는 음성을 녹음하는 용도로 사용해도 좋습니다. 그 밖에도 야외에서 영상 촬영을 할 때는 바람이 불지 않을 때 하는 것이 좋습니다.

> **상상그리다필름의 TIP**
>
> 학교에 방음이 잘 되어 있는 공간들이 있습니다. 바로 방송실과 음악실인데요. 방송실과 음악실에는 기본적인 방음 작업이 되어 있어 일반 교실이나 운동장에서 촬영하는 것보다 잡음이 들어갈 확률이 훨씬 줄어듭니다.

지금까지 알려드린 스냅 촬영과 인물 촬영을 잘하는 팁을 영상을 보면서 다시 한번 정리해 보세요.

'스냅 촬영과 인물 촬영 잘하는 팁'이 궁금하시다면?
영상 보러 가기 ▶

좋은 사진과 영상을 얻으려면 무엇보다 많이 찍어 봐야 합니다. 특히 셔터 스피드나 감도(ISO), 화이트 밸런스 등을 올리고 내려 보며 다양하게 찍어 보는 것이 중요합니다. 또 실내에서도, 야외에서도 많이 찍어 봐야 각 상황과 시간에 따라 기능을 조정하여 찍을 수 있습니다.

사진과 영상은 우리가 일상에서 기억하고 싶은 장면을 오랫동안 보존할 수 있도록 해 줍니다. 또 사진과 영상을 많이 찍어 놓으면 좋은 학습 자료로 활용할 수 있습니다. 국어 시간에 일어난 일에 대해서 글을 쓰거나, 미술 시간에 경험한 내용을 그림으로 표현할 때 이전에 찍어 놓은 사진이나 영상을 보여 주면 학생들의 흥미를 높일 수도 있지요. 학생들에게는 재미있는 추억이 되고, 교사에게는 교육 활동을 정리해 보는 계기가 됩니다.

오늘 살펴본 내용을 바탕으로, 학교에서 일어나는 수많은 일들과 아이들의 예쁜 모습을 카메라에 멋지게 담아 보세요. 선생님만의 인생 사진! 응원합니다.

03
전문가급 사진·영상 촬영! 스마트폰으로도 가능해요

> 김민지 선생님

2000년대 초만 해도 휴대폰으로 사진을 촬영한다고 하면 사람들의 반응은 차가웠습니다. 당시 휴대폰 카메라의 화소는 아무리 좋아도 30만 화소에 그쳤지요. 그런데 요즘 출시되는 스마트폰의 후면 카메라는 1,200만 화소는 기본이고, 무려 1억 화소를 넘기도 하죠. 렌즈의 수도 늘어났습니다. 2000년대 초의 휴대폰에는 싱글 렌즈가 달렸지만, 2014년 이후부터 카메라가 두 개인 듀얼 모듈, 세 개인 트리플 모듈, 무려 네 개인 쿼드 모듈까지 나오고 있습니다. 정말 어마어마한 발전이 아닐 수 없죠.

선생님, 이 대단한 스마트폰을 어디까지 활용하고 계신가요? 이번 시간에는 안드로이드 스마트폰을 사용하여 영상을 더욱 효과적으로 찍는 방법을 알려 드릴게요.

1. 초광각, 광각, 망원 렌즈를 단 트리플 카메라

요즘 출시되는 스마트폰을 살펴보면, 기본적으로 카메라가 세 개 이상 달려 있습니다. 왜 카메라가 세 개씩이나 필요할까요?

카메라로 사진이나 영상을 촬영하다 보면 화면 안에 정보를 어디까지 담아야 할지 고민하게 됩니다. 같은 자리에 서서 촬영하더라도, 카메라 렌즈의 화각에 따라 담을 수 있는 정보의 양이 늘어나기도 하고 줄어들기도 하지요.

여기에서 '화각'이란 카메라로 포착하는 장면의 시야를 의미합니다.

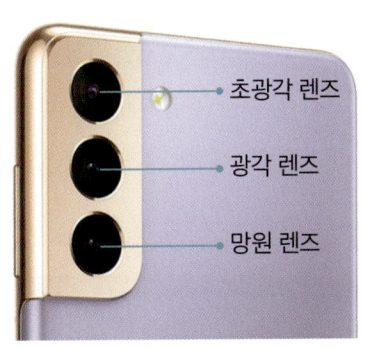

렌즈가 세 개 달린 스마트폰을 살펴볼까요?

왼쪽 사진과 같이, 갤럭시 S22 기준으로 가장 위에 있는 카메라는 초광각 렌즈, 그 아래는 광각 렌즈, 맨 아래는 망원 렌즈입니다.

이 세 개의 렌즈는 화각이 각각 다릅니다. 광각 렌즈는 화각이 넓고, 망원 렌즈는 화각이 좁습니다. 초광각 렌즈는 일반 광각 렌즈보다 화각이 더 넓지요.

화각을 더 쉽게 이해하려면 엄지손가락과 집게손가락으로 원을 만들어 한쪽 눈 가까이에 대고 원 안으로 보이는 정보의 양을 확인해 보세요. 그런 다음, 이번에는 내 눈에서 원을 한 뼘 정도 멀리 떨어뜨려 봅시다. 이전보다 원 안으로 보이는 정보의 양이 훨씬 줄어들었음을 알 수 있습니다.

이때 눈에서 손까지의 거리를 '초점거리', 동그란 손가락 안으로 보이는 장면을 '화각'이라고 할 수 있습니다. 이처럼 원이 내 눈에 가까이 있을 때(초점거리가 가까울 때)는 화각이 넓어지고, 원이 내 눈에서 멀리 떨어져 있을 때(초점거리가 멀어질 때)는 화각이 좁아집니다.

카메라에서는 이미지가 맺히는 센서(=눈)와 렌즈(=손) 사이의 거리를 초점거리라고 하는데요. 즉, 이미지가 맺히는 센서와 렌즈 사이의 거리가 가까울수록 한 화면에 더 많은 정보를 담을 수 있는 '광각 렌즈'인 것이고, 거리가 멀수록 담을 수 있는 정보가 줄어드는 '망원 렌즈'인 것입니다.

초광각 렌즈

광각 렌즈

망원 렌즈

광각 렌즈는 도시의 전경이나 풍경 사진을 담기 좋고, 망원 렌즈는 피사체가 중심이 되는 인물 사진 등을 촬영하기 좋은데요. 수업 영상을 찍을 때도 광각 렌즈로 학생들의 전체 움직임을 한 번에 담아야 할 때가 있고, 망원 렌즈로 학생의 모습을 집중해서 찍어야 할 때가 있습니다.

▲ 교실에서 광각 렌즈를 사용해 촬영한 사진

▲ 교실에서 망원 렌즈를 사용해 촬영한 사진

같은 위치에서 촬영하더라도 스마트폰의 화각에 따라 영상이 어떻게 다르게 담기는지, 또 교실에서 영상을 촬영할 때 화각을 어떻게 활용하는지 영상으로 살펴보세요.

'스마트폰 화각에 따른 변화'가 궁금하시다면?
영상 보러 가기 ▶

2. 안드로이드 스마트폰의 유용한 기능

①▶ 가장 자연스럽게! '싱글 테이크'

'싱글 테이크'란 한 번의 촬영으로 베스트 사진과 동영상을 선정할 수 있는 AI(인공지능) 기능입니다.

싱글 테이크로 10초 정도 영상을 촬영하고 나면, AI가 자동으로 여러 가지 사진과 동영상을 만들어 냅니다. 우리는 그중에서 가장 마음에 드는 결과물을 선택하기만 하면 됩니다. AI의 추천을 통해 여러 가지 필터가 적용된 사진이나 영상 클립을 얻을 수도 있습니다.

상상그리다필름의 TIP

교실에서 학생들의 작품을 촬영할 때, 학기 초 학생들의 얼굴을 촬영할 때, 현장 체험학습을 가서 단체 사진을 촬영할 때 싱글 테이크 기능을 활용하면 가장 자연스럽고 화질이 좋은 결과물을 얻을 수 있습니다.

② 뒷배경을 흐릿하게! '인물 동영상'

수업이나 연수 영상, 아이들의 모습을 촬영할 때 '인물 동영상' 기능을 활용하면 뒷배경에 다양한 효과를 넣을 수 있는데요. 블러, 빅서클, 컬러포인트, 스핀, 줌 등 여러 가지 배경 효과를 적용할 수 있습니다.

- 블러: 인물은 선명하게, 뒷배경은 흐릿하게 블러 처리가 됩니다.
- 빅서클: 인물을 제외한 나머지가 전부 흐려집니다.
- 컬러포인트: 뒷배경이 전부 흑백으로 바뀝니다.
- 스핀: 뒷배경이 돌아가는 것처럼 보입니다.
- 줌: 뒷배경이 빨려 들어가는 것처럼 보입니다.

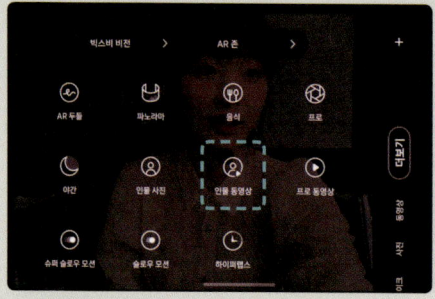

▲ 블러 효과

▲ 빅서클 효과

▲ 컬러포인트 효과

인물 동영상 기능을 활용하면 아래 사진처럼 배경은 흐리고 피사체는 선명하게 돋보이는 결과물을 얻을 수 있습니다.

③ 스마트폰으로도 전문가처럼! '프로 동영상'

'프로 동영상' 기능에서는 DSLR 카메라에서 볼 수 있었던 설정값을 마음대로 조절할 수 있습니다.

- 동영상 크기도 HD(1,280×720)부터 FHD(1,920×1,080), 갤럭시 S20 Plus 버전부터는 8K(7,680×4,320)까지 설정할 수 있는데, 크기가 클수록 높은 화질의 영상을 촬영할 수 있습니다.
- 마이크 방향을 설정할 수 있습니다. 전면 카메라로 촬영을 할 때 먼 곳에서 나는 소리를 차단하고 싶으면 전면 마이크를 활성화하고, 스마트폰 후면에서 나는 소리를 녹음하고 싶을 때는 후면 마이크를 활성화하면 됩니다. 삼성 갤럭시 버즈(무선 이어폰)가 있다면 영상에서 무선 마이크처럼 활용할 수 있는 버튼도 있습니다.
- ISO(빛에 대한 민감도) 설정에서 감도를 설정하고 조리개(빛이 들어오는 양) 값을 원하는 대로 늘렸다 줄였다 하며 영상의 밝기를 조절할 수 있습니다.
- 화이트 밸런스 설정을 통해 영상 전체의 색 밸런스를 조정하며 실제와 똑같은 색감을 구현하는 것도 가능합니다.

지금까지 설명해 드린 기능을 영상으로 자세히 확인해 보세요.

'안드로이드 스마트폰의 유용한 기능'이 궁금하시다면?
영상 보러 가기 ▶

우리가 항상 몸에 지니고 다니는 최첨단 카메라, 스마트폰! 스마트폰 카메라에는 DSRL 카메라를 능가하는 다양한 기능이 있습니다. 스마트폰의 다양한 기능을 안다면, 선생님만의 감성으로 퀄리티 높은 사진과 영상을 촬영할 수 있으리라 생각합니다.

혹시 최신 스마트폰을 쓰는데도 기본 카메라만 사용해 오셨나요? 그렇다면 이번 기회에 이것저것 두드려 보며 실험해 보시는 건 어떨까요?

쌤 인터뷰

Q
영상을 촬영하면서 **어려웠던 점**이 있었나요?

도행쌤   촬영할 때 어려운 점이라……. 여러 가지가 있죠. 그중에서도 가장 어려운 점을 꼽자면, 제가 구상한 대로 촬영 결과물이 나오지 않을 때가 가장 어렵습니다.

영식쌤   촬영은 정말, 혼자 하기 어렵더라고요. 시나리오나 구상, 영상 편집은 얼마든지 혼자 할 수 있지만, 촬영 자체는 다른 사람의 손이 많이 필요합니다. 예를 들어 제가 배우 역할을 한다면 저를 찍는 카메라 감독님이 계셔야겠죠. '상상그리다필름' 선생님들처럼 마음이 맞는 동료들과 함께한다면 촬영이 정말 편하겠지만, 혼자 촬영할 때는 모든 역할을 혼자 감당해야 해서 어렵더라고요. 그래서 영상에 관심이 있는 선생님들과의 협동 작업이 정말 즐겁습니다.

준웅쌤   저는 촬영 구상이 가장 어려워요. 아이디어를 떠올리기도 어렵지만, 떠올린 아이디어를 실제 영상으로 어떻게 구현할지 생각하는 것도 어렵더라고요. 구상을 마무리하고 나면 촬영, 편집은 생각보다 어렵지 않게 진행되는 것 같아요.

민지쌤   저는 초등학교 2학년 아이들과 함께 영상을 만든 적이 있는데요. 그때 아이들 관리가 정말 어려웠어요. 하나의 장면을 촬영하는 동안 그 장면에 출연하지 않는 나머지 아이들은 뛰어놀고, 부딪히고, 울고……. 정신이 하나도 없더라고요. 그래도 우여곡절 끝에 완성된 작품을 보며 행복해하는 아이들의 모습을 보니 기뻤어요.

성도쌤   저는 처음엔 영상 편집만 배우면 된다고 생각했는데, 영상을 촬영하면 할수록 고려해야 할 부분이 많다는 것을 알게 되었습니다. 영상의 밝기와 촬영 각도, 주변 소음까지 여러 가지 상황을 한꺼번에 대비해야 한다는 점이 가장 어려웠어요.

PART
3

영상 편집으로 우리 반 추억 담기

01

선생님 마음에 쏙! 드는
영상 편집 앱 고르기

> 박준웅 선생님

'영상 편집'이란 단어를 들으면 어떤 생각이 드시나요?

스마트폰이 대중화되면서 우리는 모두 아주 쉽게 영상 촬영을 할 수 있게 되었습니다. 하지만 아직 영상 편집이란 단어에는 거리감이 있는 것이 사실인데요. 특별한 기술이 필요하거나, 큰 비용을 들여야 가능하다고 생각하실 수 있습니다.

그래서 이번 시간에는 스마트폰만 가지고 누구나 쉽게 영상 편집을 할 수 있는 무료 애플리케이션(앱)을 소개하려고 합니다. 이번 시간에 소개할 내용은 이제 막 영상 편집을 시작해 보려는 선생님, 또는 유료 결제를 하지 않고 간단히 영상을 제작하고 싶어 하는 선생님들께 도움이 될 수 있습니다.

1. 영상 편집 앱 소개

먼저 무료 영상 편집 애플리케이션(이하 앱)으로 '캡컷(CapCut), 블로(VLLO), 비타(VITA)'를 소개합니다.

영상 편집을 할 수 있는 앱의 종류는 매우 많지만, 이 세 가지 앱을 소개해 드리는 이유는 안드로이드와 IOS(아이폰 운영 체제)에서 모두 사용할 수 있고, 무료이며, 워터마크가 남지 않기 때문입니다.

앱에 대한 설명을 보시고, 선생님들께서 가장 쓰기 편할 것 같은 앱을 골라 활용하시면 되겠습니다. 수업뿐만 아니라 평소 학생들과의 추억이나 가족의 모습 등을 편집해서 저장해 둔다면 좋은 기록이 될 것입니다.

이 외에도 재미있는 오프닝 영상이나 섬네일을 만들 수 있는 앱, '멸치'에 대해 소개해 드리려고 합니다. 멸치 또한 무료 앱이며 시간과 노력을 거의 들이지 않고 괜찮은 오프닝 영상, 범퍼 영상, 클로징 영상 등을 제작할 수 있어 유용합니다.

> **상상그리다필름의 Tip**
>
> 이번에 소개해 드리는 영상 편집 앱의 비교에는 어느 정도 주관적 판단이 들어가 있습니다. 따라서 오늘 소개해 드린 앱을 활용하기 전에 한 번씩 직접 사용해 보신 후 주력 앱을 결정하시는 것이 좋습니다.
> 또한 유료 앱과 성능 차이가 있을 수 있지만 이번에 소개해 드리는 앱만으로도 충분히 고품질의 영상을 제작하실 수 있습니다. 무료 앱을 활용하여 자신에게 잘 맞는 방식이 어떤 것인지 파악한 후, 유료 프로그램으로 넘어가시는 것도 좋은 방법입니다.

2. 영상 편집 앱 비교

이제 본격적으로 세 개의 영상 편집 앱을 한번 살펴볼까요?
① 워터마크 제거, ② 영상 순서 변경 방법, ③ 자막, ④ PIP와 크로마키, ⑤ 효과와 필터, 템플릿, ⑥ 오디오 지원, ⑦ 영상 해상도를 기준으로 세 가지 앱을 비교해 보겠습니다.

① 워터마크 제거

- **블로**: 기본적으로 워터마크가 없지만 영상을 생성할 때 광고를 한 편 봐야 합니다.
- **캡컷**: 설정에서 '기본 엔딩 추가'를 비활성화합니다.
- **비타**: 기본 설정에서 'VITA 마크'를 비활성화합니다.

② 영상 순서 변경 방법

- **블로**: 영상을 누른 다음 메뉴를 이용하여 왼쪽이나 오른쪽으로 이동시켜 순서를 변경합니다.
- **캡컷**: 옮기고 싶은 영상을 터치한 후 드래그 앤 드롭(drag and drop) 형태로 순서를 변경합니다.
- **비타**: 순서 변경이라는 별도 메뉴로 들어가 드래그 앤 드롭 형태로 순서를 변경합니다.

③ 자막

- **블로**: 무료 버전에서 사용할 수 있는 자막의 종류와 효과가 제한되어 있지만, 유료 버전에서는 다양한 테마의 세련된 자막을 제공하고 있습니다.

캡컷과 비타는 자막 설정 방법이 비슷하지만 약간의 차이점이 있습니다.

- **캡컷**: 예능형 자막을 생성하기에 좋습니다.
- **비타**: 영상 하단에 들어가는 기본 자막을 넣기 편합니다. 또 자막, 타이틀, 라벨을 구분해서 제공하므로 필요한 것을 좀 더 쉽게 고를 수 있습니다.

캡컷과 비타는 자동 자막 기능도 제공하는데요. 음성이 있는 영상 클립에 이 기능을 사용하면 자동으로 자막이 생성되어 편리하게 이용할 수 있습니다.

④ PIP와 크로마키

PIP 기능은 영상 위에 사진이나 또 다른 영상을 겹쳐서 추가하는 기능입니다.

- **블로**: 무료 버전일 경우 GIF 파일을 포함한 사진에서만 PIP 기능이 가능합니다.
- **캡컷, 비타**: 사진과 영상 모두에 PIP 기능이 가능합니다.

크로마키는 배경이나 인물을 촬영한 뒤 어느 하나를 분리하여 다른 화면에 끼워 넣는 방법입니다. 크로마키 기능은 세 앱 모두 있으나 블로는 유료 버전에서만 영상을 삽입할 수 있습니다.

⑤ 효과와 필터, 템플릿

- **블로**: 무료 버전보다 유료 버전에 잘 만들어진 효과와 필터가 많습니다.
- **캡컷, 비타**: 화면 전환 효과나 각종 필터, 스티커 등 영상을 화려하게 꾸밀 수 있는 효과는, 캡컷과 비타 모두 다양합니다.

큰 노력을 들이지 않고, 자신이 촬영한 영상이나 사진만으로 괜찮은 영상을 만들고 싶다면 템플릿 기능을 사용할 수 있습니다.

- **블로**: 제작사가 자체 제작한 템플릿을 제공합니다.
- **캡컷, 비타**: 사용자들이 만들어 둔 템플릿을 자유롭게 이용할 수 있습니다.

⑥ 오디오 지원

오디오는 효과음과 배경 음악, 동시 녹음 등으로 나눌 수 있습니다. 효과음의 종류는 세 앱 모두 많이 보유하고 있지만, 배경 음악의 종류는 비타가 가장 많습니다.

동시 녹음 기능은 영상을 재생하면서 필요한 대사를 바로 녹음할 수 있는 기능입니다.

- **블로, 비타**: 녹음 시작과 끝에 터치를 해서 동시 녹음을 진행합니다.
- **캡컷**: 버튼을 터치하고 있는 동안에만 녹음이 진행되고 손을 떼면 녹음이 멈춥니다.

⑦ 영상 해상도

영상을 모두 편집하고 내보내기를 할 때 블로는 4K 30fps의 해상도로 우위를 가지고 있고, 캡컷은 FHD 60fps, 비타는 FHD 30fps의 해상도를 지원하고 있습니다.

> **상상그리다필름의 Tip**
>
> - 해상도란 쉽게 말해서 영상의 질을 측정하는 선명도를 말합니다. SD(720×480), FHD(1,280×720), QHD(1,920×1,080), UHD(3,840×2,160), 4K(4,096×2,160) 등이 있습니다.
> - 해상도는 화면의 가로와 세로에 배치된 픽셀의 개수로 표기합니다. 즉, SD의 해상도는 345,600(720×480)개의 픽셀로 이루어져 있다는 의미입니다. 화면을 구성하는 픽셀의 개수가 많을수록 해상도가 높다고 표현하며, 해상도가 높을수록 더 선명한 영상을 감상할 수 있습니다.
> - fps는 영상에서 1초 동안 재생되는 프레임(이미지 장면) 수를 의미합니다. 예를 들어 30fps는 1초당 30장의 이미지가 재생된다는 뜻입니다. fps가 높을수록 더 자연스럽고 매끄러운 동작을 표현할 수 있습니다.

그럼 지금까지 비교한 내용을 표와 영상으로 정리해 보겠습니다.

구분		캡컷	블로	비타
워터마크 제거		가능	가능	가능
영상 순서 변경 방법		드래그 앤 드롭	영상을 누른 다음, 메뉴 버튼 이용	순서 변경 메뉴에서 드래그 앤 드롭
자막	종류	많음	제한적이지만, 유료 버전은 많음	많음
	동시 자막	가능	불가능	가능
	사용처	예능형 자막	기본형 자막	기본형 자막
PIP와 크로마키	PIP	사진, 영상 모두 가능	사진, GIF 파일 가능 (유료 버전은 영상 가능)	사진, 영상 모두 가능
	크로마키	가능	가능 (유료 버전은 영상 가능)	가능
효과와 필터, 템플릿	효과와 필터	다양함	유료 버전에서 다양함	다양함
	템플릿	사용자들이 제작한 템플릿이 많음	제작사가 자체 제작한 템플릿을 제공함	사용자들이 제작한 템플릿이 많음
오디오	효과음	다양함	다양함	다양함
	배경 음악	다양함	유료 버전에서 다양함	가장 많음
	동시 녹음	지원함 (터치하고 있는 동안 녹음 진행)	지원함 (녹음 시작과 끝에 터치하는 방식)	지원함 (녹음 시작과 끝에 터치하는 방식)
해상도		FHD 60fps	4K 30fps (가장 우수함)	FHD 30fps
주관적 의견		예능식 자막을 구성할 때 유리함	유료 버전으로 사용할 때 기능이 가장 강력함	기본형 자막을 구성할 때 유리함

'영상 편집 앱'이 궁금하시다면?
영상 보러 가기 ▶

3. 이 밖에 유용한 영상 편집 앱: 멸치

'멸치'는 유튜브를 시작해 보려는 선생님이나 정기적으로 수업 영상을 제작하여 학생들에게 제공하는 선생님, 촬영한 영상에서 심심함을 느끼셨던 선생님, 혹은 개인적으로 필요한 영상을 제작할 때 특별한 효과를 주고 싶은 선생님들께서 사용하기 좋습니다. 스마트폰으로 영상을 단 한 번도 만들어 본 적이 없는 선생님들께서도 쉽게 따라 하실 수 있습니다.

멸치는 안드로이드와 IOS에서 모두 사용 가능합니다. 멸치를 실행한 후 간단 제작을 터치하면 상단에 유튜브 오프닝, 유튜브 범퍼 영상, 유튜브 클로징, 초대장 등 여러 항목이 나타나므로, 자유롭게 선택하여 영상을 만드시면 됩니다. 이중 유튜브 오프닝과 섬네일 제작 방법을 간단히 소개해 드리겠습니다.

① 유튜브 오프닝 제작 방법

① '유튜브 오프닝'을 터치하면 상당히 많은 목록이 떠오릅니다. 이들은 모두 제작 결과를 미리 볼 수 있도록 재생이 가능한데, 재생해 보고 마음에 드는 오프닝 영상을 고르시면 됩니다.

② 화면 하단에 '이 영상으로 만들어 볼까요?'를 터치하면 오프닝 영상을 제작할 수 있는 템플릿이 나타납니다. 사진이나 문구를 원하는 대로 교체한 후, 완료 버튼만 누르면 대략 1분 정도의 시간이 지난 후 제작이 완료됩니다.

③ 영상 중간에 들어갈 수 있는 범퍼 영상이나, 영상 후반에 넣는 클로징 영상도 이와 같은 방법으로 제작할 수 있습니다.

② 섬네일 제작 방법

① 섬네일 탭에 들어간 다음 마음에 드는 것을 선택합니다.
② 문구와 이미지 등을 교체한 후 완료를 누르면 5초 이내로 섬네일이 제작됩니다.

멸치의 특장점은 간편하게 만들 수 있는 '간단 제작'에 있습니다. '간단 제작'의 종류에는 유튜브 오프닝 영상과 섬네일 외에도 초대장, 배경 화면, 광고 등이 있으니 살펴보시고 필요할 때 사용하시면 됩니다.

멸치를 활용해 만든 결과물을 영상으로 감상해 보고, 제작 방법도 자세히 확인해 보세요.

'오프닝 영상과 섬네일 제작'이 궁금하시다면?
영상 보러 가기 ▶

어떠셨나요? 영상을 편집할 수 있는 세 종류의 앱과, 오프닝 영상과 섬네일을 손쉽게 만들 수 있는 멸치 앱에 대해 알아보았습니다.

어떤 이유에서든 영상을 제작해야 할 일이 많아지고 있는 요즘입니다. 큰 비용을 들여 고성능 PC와 유료 프로그램을 구매하기 전에, 무료로 활용할 수 있는 스마트폰 앱을 확인하는 유용한 시간이 되었기를 바랍니다.

02
선생님만의 친절한
학습 영상 만들기 with 비타

박준웅 선생님

　최근 집에서 보내는 시간이 많아지면서 자연스럽게 유튜브 채널을 자주 둘러보게 되었습니다. 여행을 자유롭게 가지 못하는 상황이다 보니 여행 관련 콘텐츠를 보기도 하고, 원격 수업을 시작하면서 수업에 활용할 만한 영상도 많이 찾아보았는데요. 그러다 보니 제가 직접 수업에 활용할 영상을 만들면 어떨까 하는 생각이 들었습니다.

　이번 시간에는 영상 편집에 입문하시는 분들께 좋은 앱, 또 제가 자주 사용하는 앱인 '비타'의 기본 기능을 소개해 드리려고 합니다. 비타를 사용해서 선생님만의 친절한 학습 영상을 만들어 보세요!

비타의 기능은 크게 세 가지로, '편집 및 다듬기', '자막 넣기', '화면 효과와 음향 효과 넣기'로 나누어 소개해 드리겠습니다.

1. 편집 및 다듬기

① 비디오 크기 조절하기

비디오 클립을 선택하고, 하단의 '크기 메뉴'를 선택합니다. '딱 맞게'와 '꽉 차게' 사이의 지점을 조정하여 비디오 크기를 조절할 수 있습니다.

크기 조절

② 비디오 길이 조절하기

클립 가장자리의 조절 바를 좌우로 드래그하여 비디오의 길이를 줄이거나 늘릴 수 있습니다.

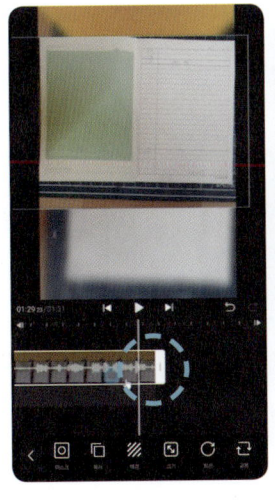

③ 비디오 클립 자르기

타임라인을 좌우로 드래그하여 원하는 위치에 커서를 맞춘 후, '분할' 버튼을 누르면 클립을 자를 수 있습니다.

 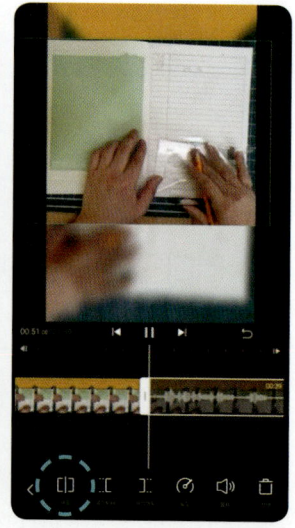

④ 비디오 클립 복사하기

하단의 '복사' 버튼을 누르면 선택한 클립을 복사할 수 있습니다. 복사한 클립은 선택한 클립 바로 뒤에 나타납니다.

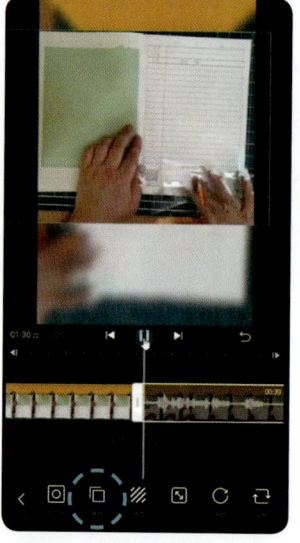

'편집 및 다듬기'의 네 가지 기능을 영상으로 한 번 더 확인해 보세요.

'편집 및 다듬기 기능'이 궁금하시다면?
영상 보러 가기 ▶

2. 자막 넣기

① 원하는 위치에 자막 넣기

화면 하단의 '텍스트' 메뉴를 선택한 후, 원하는 위치에 커서를 맞추고 'T+' 버튼을 누르면 자막이 만들어집니다.

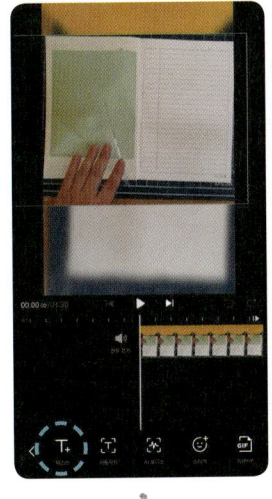

② 자막 효과 넣기

텍스트 입력 화면에 자막으로 들어갈 내용을 입력하고 ✓ 표시를 누릅니다.

하단의 글꼴, 스타일, 자막, 타이틀, 라벨 등을 클릭해 보고, 원하는 효과를 고른 다음 ✓ 표시를 누릅니다.

저는 '타이틀'에서 마음에 드는 것을 하나 골라 적용해 보겠습니다.

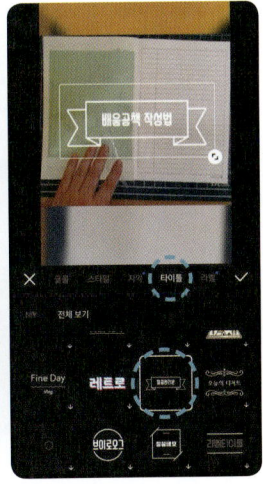

③ 자막의 위치와 길이 조절하기

타임라인에 추가된 자막의 양쪽 바를 움직여서 자막의 위치와 길이를 조절할 수 있습니다.

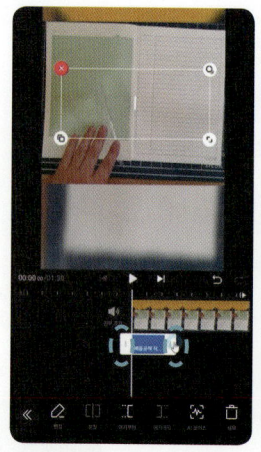 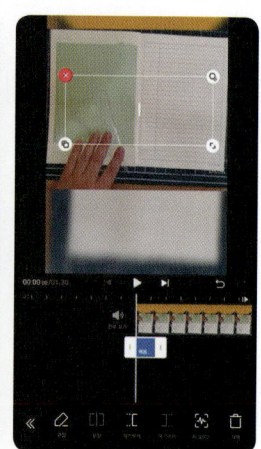

④ 자동 자막 생성하기

음성이 있는 클립의 '자동자막' 버튼을 실행하면 음성을 인식하여 자동으로 자막을 생성합니다. 다만 정확하게 음성을 인식하지 않을 수 있으니, 생성된 자막을 검토 및 수정해야 합니다.

  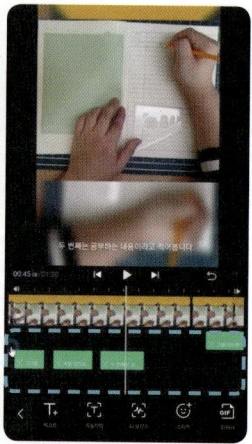

'자막 넣기'의 네 가지 기능도 영상으로 확인해 보세요.

'자막 넣기 기능'이 궁금하시다면?
영상 보러 가기 ▶

3. 화면 효과와 음향 효과 넣기

① 화면 전환 효과 사용하기

비디오를 2개 이상 불러오면 클립과 클립 사이에 화면 전환 효과를 적용할 수 있는 '│' 버튼이 생깁니다.

화면 전환 버튼을 눌러 전환 메뉴로 들어가면 여러 가지 효과를 적용할 수 있습니다.

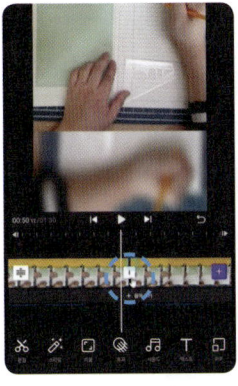 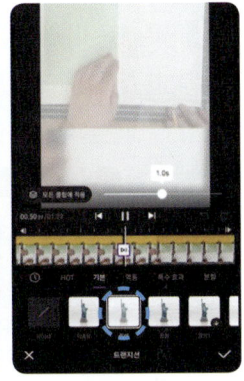

하단의 효과를 누르고 적용할 부분을 선택하면 효과가 적용되고, 적용된 효과는 미리 보기로 바로 확인할 수 있습니다.

② 동시 녹음으로 더빙하기

하단의 '음악' 메뉴를 선택하고, '녹음' 버튼을 눌러 동시 녹음 탭을 켭니다.

주황색 버튼을 눌러 녹음을 시작합니다. 영상이 재생되면서 나의 목소리를 녹음할 수 있습니다. 내가 원하는 부분까지 녹음이 끝났다면 다시 주황색 버튼을 눌러 녹음을 마칩니다.

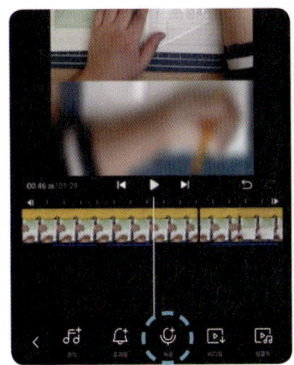 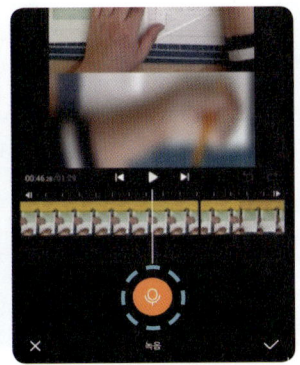 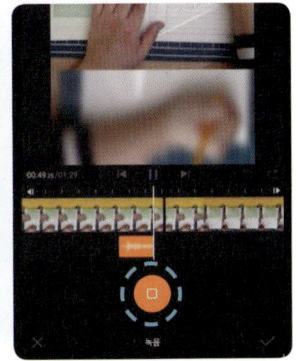

③ 영상에 음악 추가하기

비타는 저작권 걱정 없는 음원을 제공하여, 이를 영상의 배경 음악으로 사용할 수 있습니다.

❶ 하단의 '음악' 메뉴를 선택하고, 원하는 위치에 커서를 맞춘 후 '🎵' 버튼을 누릅니다.

❷ 목록에서 원하는 음악을 선택합니다.

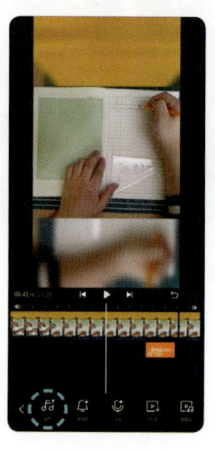

❸ 양쪽 바를 움직여서 음악에서 원하는 부분만큼 자르고 사용 버튼을 누릅니다.

❹ 타임라인에 추가된 음악 클립을 선택하고, 양쪽 바를 드래그하거나 연필 모양의 편집 버튼을 눌러서 음악 클립을 수정합니다.

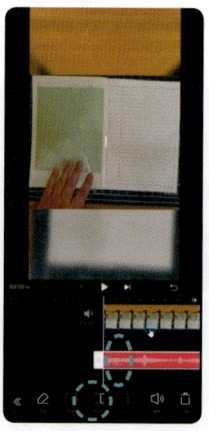

마지막으로 '화면 효과와 음향 효과 넣기'의 세 가지 기능도 영상으로 살펴봅시다.

'화면 효과와 음향 효과 넣기 기능'이 궁금하시다면?
영상 보러 가기 ▶

어떠셨나요? 오늘은 비타의 세 가지 기능을 활용하여 영상을 제작하는 방법을 알아보았습니다. 오늘 배운 내용을 찬찬히 따라 해 보며 비타의 기본 기능을 습득해 보시기 바랍니다. 이번 활동 이후 영상 편집에 관심이 생기셨다면, 비타의 다양한 기능을 더 많이 체험해 보시는 것도 추천합니다.

03
언제 어디서나!
일상을 담은 영상 만들기 with 키네마스터

> 조혜령 선생님

일상을 기록하는 '브이로그(vlog)' 영상! 선생님도 어렵지 않게 만들 수 있습니다.
'키네마스터'는 스마트폰 앱으로도 이용할 수 있어서 간편하고, 스마트폰으로 영상을 찍고 언제 어디서나 바로 편집할 수 있다는 장점이 있습니다. 키네마스터의 편집 방법과 다양한 효과를 배우고 나면, 입학식과 졸업식, 수학여행과 소풍, 학교와 그 밖의 소소한 일상까지도 선생님만의 개성 넘치는 영상으로 담아낼 수 있습니다.
영상의 달인으로 거듭날 수 있는 기회! 꼭 잡으셔야겠지요? 지금 바로 시작합니다.

1. 키네마스터 알아보기

 '키네마스터'에 대해 들어 보셨나요? 키네마스터는 사용하기 매우 간단하면서도 동시에 다양한 기능을 제공하는 동영상 편집 툴인데요.

키네마스터의 장점은 다음과 같습니다.

첫째, 사용법이 쉽고 직관적입니다. 초보자들도 쉽게 사용할 수 있도록 메뉴와 기능 버튼이 직관적으로 배치되어 있습니다. 특히 레이어가 쌓이는 편집 방식이기 때문에 편집 효과를 눈으로 바로 확인할 수 있습니다.

둘째, 스마트폰으로 영상 촬영 후 바로 편집할 수 있습니다. 컴퓨터로 영상을 이동할 필요 없이 스마트폰에서 바로 편집할 수 있다는 점이 가장 큰 장점입니다.

셋째, 컴퓨터용 영상 편집 프로그램처럼 조금 복잡한 영상 편집도 가능합니다. 예를 들어 PIP(Picture in Picture: 화면 안에 작은 화면을 넣는 편집 방법)와 같은 편집도 컴퓨터 프로그램을 거치지 않고 구현할 수 있습니다. 이 기능을 이용하면 수업 영상에 교사의 얼굴이 나오는 작은 화면을 띄울 수 있습니다. 또 화면을 분할하여 두 개의 화면을 동시에 보여 줄 수도 있습니다.

넷째, 다양한 프로젝트 불러오기, 에셋 다운로드 기능이 있습니다. 프로젝트 다운로드를 이용하여 멋진 인트로와 SNS 업로드 파일을 만들 수 있고, 에셋 마켓에 들어가면 다양한 효과 중 자신이 원하는 효과를 다운로드할 수 있습니다.

다섯째, 상업적 무료 자막, 음원들이 다수 포함되어 있습니다. 물론 무료로 사용할 수 있는 양이 엄청나게 많지는 않지만, 저작권 문제를 고민하셨던 선생님들께서 걱정 없이 자막과 음원을 사용하실 수 있습니다.

> **상상그리다필름의 Tip**
> 키네마스터는 무료 앱이기 때문에 워터마크가 찍힌 채로 인코딩됩니다. 또한 에셋에서 다운로드할 때 프리미엄 요금제만 사용할 수 있는 부분이 있습니다. 워터마크 제거나 모든 에셋 사용을 원하신다면 '키네마스터 프리미엄'을 유료로 사용해야 하는데, 월 4,200원 또는 연 50,000원의 비용을 지불해야 합니다.

2. 기본 화면 구성 살펴보기

스마트폰 앱 스토어에서 키네마스터를 다운로드하고, 한번 실행해 봅시다.

① 키네마스터를 처음 실행하면 오른쪽에 보이는 것처럼 화면이 뜹니다. 저희는 새로운 프로젝트를 만들 것이므로 '새로 만들기'를 클릭합니다.

② 화면 비율, 사진 배치, 사진 길이를 설정합니다.

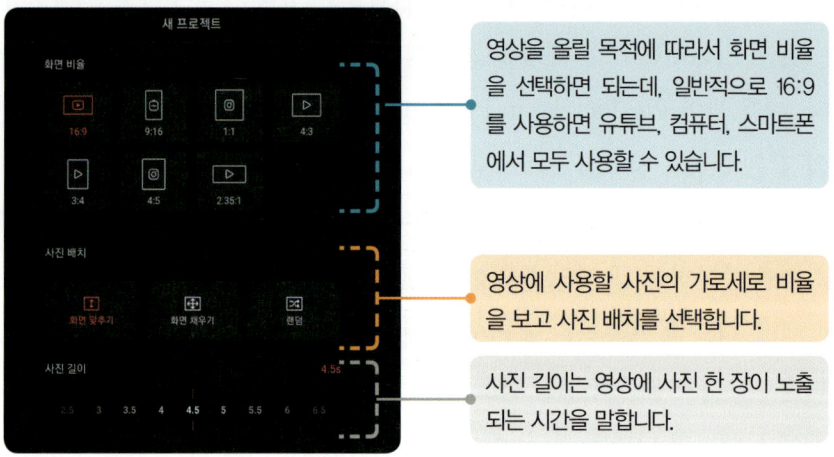

영상을 올릴 목적에 따라서 화면 비율을 선택하면 되는데, 일반적으로 16:9를 사용하면 유튜브, 컴퓨터, 스마트폰에서 모두 사용할 수 있습니다.

영상에 사용할 사진의 가로세로 비율을 보고 사진 배치를 선택합니다.

사진 길이는 영상에 사진 한 장이 노출되는 시간을 말합니다.

> **상상그리다필름의 Tip**
>
> 사진 길이는 주로 음악의 분위기에 따라 다르게 선택합니다. 음악이 중간 속도의 비트라면 4초 내외, 느린 속도의 비트라면 6초 정도를 사용합니다. 영상의 목적에 따라서도 사진 길이가 달라질 수 있는데요. 사진 하나하나에 초점을 맞추고 싶다면 시간의 길이를 길게 설정하면 됩니다.

③ 설정을 모두 완료하면 아래와 같은 화면이 뜹니다. 상단에는 편집 영상 미리 보기 화면과 편집 메뉴가 있고, 하단에는 편집이 진행되는 타임라인이 있습니다. 타임라인에 영상을 나열하신 다음, 터치로 이동하면서 편집을 하면 됩니다.

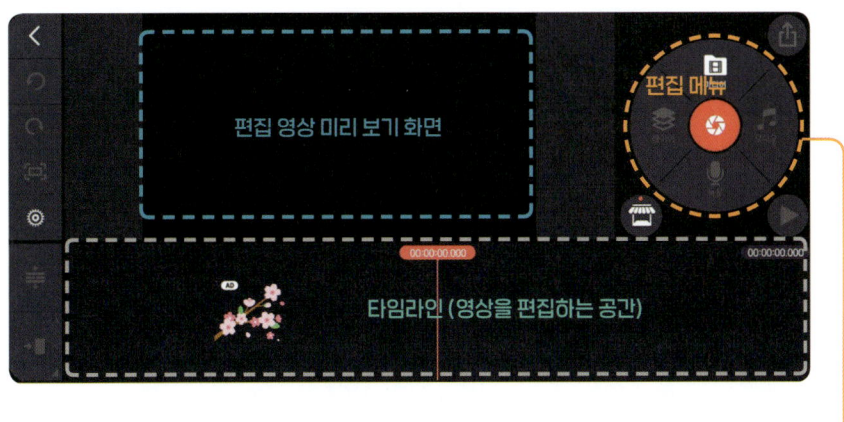

④ 편집 메뉴는 크게 미디어, 오디오, 녹음, 레이어로 나뉘어 있습니다.

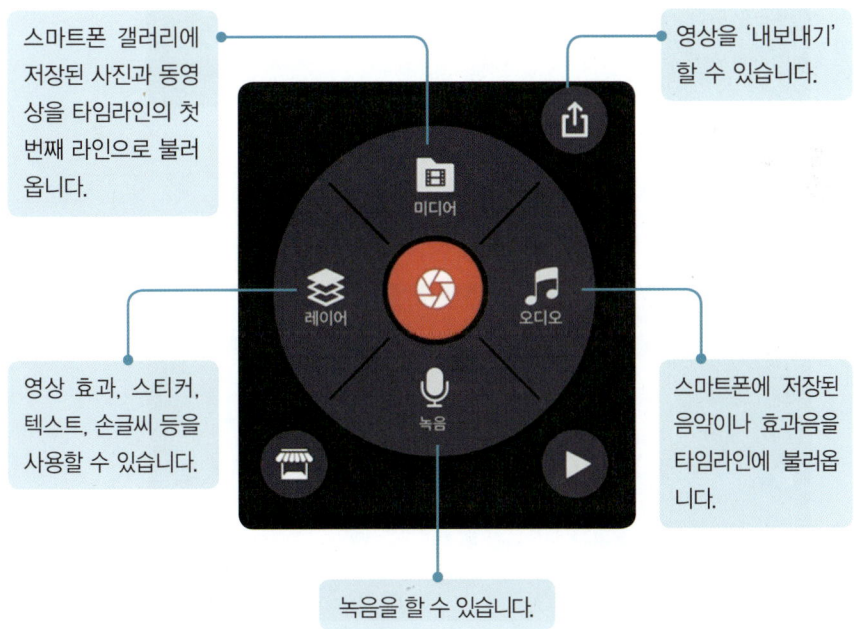

03. 언제 어디서나! 일상을 담은 영상 만들기 with 키네마스터

3. 컷 편집하기

타임라인에 사진이나 동영상을 불러와서 필요한 부분만 잘라 낸 후, 잘라 낸 컷의 순서를 배열하는 과정을 '컷 편집'이라고 합니다. 아주 간단한 기본 영상 편집 방법 중 하나인데요. 컷 편집만 잘해도 아주 그럴 듯한 영상을 만들 수 있습니다.

① ▶ 미디어 메뉴에서 원하는 사진이나 영상을 선택하여 불러옵니다.
여기서는 여러 개의 음식 사진을 선택해 보았습니다.

② ▶ 원하는 사진이나 영상을 클릭하여 메뉴를 활성화한 다음,
가위 모양의 트림/분할 버튼을 누릅니다.

③ 타임라인을 움직여 플레이헤드를 원하는 위치에 두고, 플레이헤드에서 삭제하고 싶은 방향을 선택합니다. '플레이헤드의 왼쪽을 트림'을 선택하면 플레이헤드 기준으로 사진의 왼쪽이 삭제되고, '플레이헤드의 오른쪽을 트림'을 선택하면 오른쪽이 삭제됩니다.

상상그리다필름의 TIP

동영상에서 불필요한 부분을 삭제하고 싶을 때는 '플레이헤드에서 분할'을 사용합니다. 분할을 하지 않고 트림을 하면 부분이 아니라 동영상 전체가 삭제되기 때문입니다. '플레이헤드에서 분할'을 눌러 동영상을 두 개로 분리한 다음, '플레이헤드의 왼쪽/오른쪽을 트림'을 선택하여 원하는 부분을 삭제합니다.

④ 사진과 사진 사이의 '+'를 클릭하면 장면 전환 효과를 추가할 수도 있습니다. 다양한 효과를 원한다면 에셋에서 다운로드하면 됩니다.

지금까지의 '컷 편집' 방법을 영상으로 자세히 확인하세요.

'컷 편집하기'가 궁금하시다면?
영상 보러 가기 ▶

4. 자막 만들기

키네마스터로 예쁜 자막을 넣어 볼까요?

① 기본 메뉴에서 레이어 → 텍스트를 선택하면 자막을 입력하는 칸이 나옵니다.
자막을 입력하면 타임라인에 자막이 나타납니다.

② 타임라인에 영상이나 사진이 있으면 그 아래에 자막이 쌓이는 형태로 나타납니다.
자막의 앞과 뒤 길이를 조절하여 화면에 자막이 적용되는 시간을 조절할 수 있습니다.

③ ▶ 자막을 누르면 오른쪽 메뉴에 스크롤이 뜨는데, 글꼴, 효과(윤곽선, 그림자, 글로우, 배경색), 글자 모양과 크기 등 세부 내용을 설정하여 자막을 꾸밀 수 있습니다.

자막 꾸미기

④ ▶ 자막을 누른 후, 왼쪽 메뉴에 있는 열쇠 모양의 아이콘을 누르면 자막에 애니메이션 효과를 넣을 수도 있습니다.

자막에 애니메이션 넣기

지금까지의 '컷 편집' 방법을 영상으로 더 자세히 설명해 드릴게요.

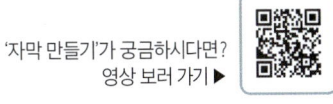

'자막 만들기'가 궁금하시다면?
영상 보러 가기 ▶

5. 오디오 편집하기

이번에는 영상에 들어갈 오디오를 편집해 봅시다.

① 먼저 기본 메뉴에서 오디오를 누르면 아래와 같이 오디오 브라우저가 뜹니다.
'음악 에셋 받기'를 클릭하면 다양한 무료 음악과 효과음을 다운로드할 수 있습니다.
왼쪽의 '녹음'을 클릭하면 영상에 맞춰 새로운 음성을 직접 녹음할 수 있고, '앨범'이나
'폴더'를 클릭하면 스마트폰에 저장되어 있는 곡을 영상에 넣을 수 있습니다.

② 타임라인에 추가된 오디오를 원하는 위치로 이동할 수 있습니다.
'트림/분할' 메뉴를 이용해서 오디오를 자르거나 분할할 수도 있지요.

③ 오디오 메뉴에서 스피커 모양을 누르면 볼륨을 조절할 수 있습니다.
자동 볼륨에서 오디오의 음향 차이를 잡고 소음, 노이즈 등을 조절할 수 있습니다.
이어폰이나 스피커의 좌우 소리 음량을 서로 다르게 설정할 수도 있답니다.

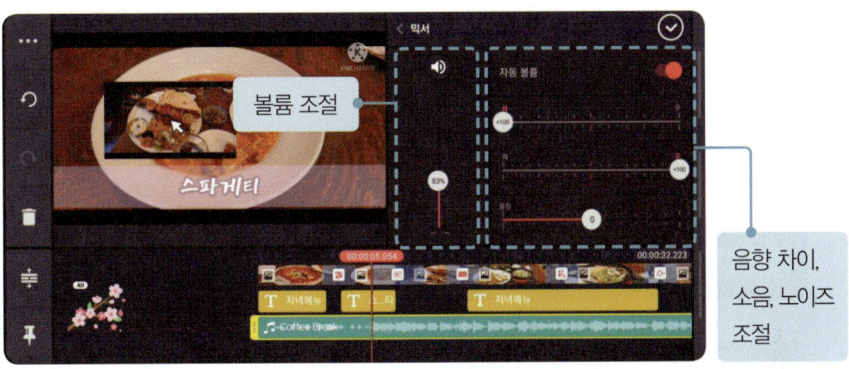

④ 영상에 들어갈 목소리에 음성 변조 효과를 적용하여 재미있는 영상을 만들 수도 있습니다. 음성 변조 효과는 오디오 필터에서도 적용할 수 있습니다.
이 외에도 볼륨 상세 조정을 통해 오디오의 볼륨을 부분적으로 키우거나 줄일 수도 있습니다.

'오디오 편집하기'도 영상으로 자세히 살펴보세요.

'오디오 편집하기'가 궁금하시다면?
영상 보러 가기 ▶

상상그리다필름의 Tip

강의하는 영상, 혹은 말하는 영상에 배경 음악(오디오)을 추가하였는데, 말소리가 배경 음악에 묻혀서 신경 쓰일 때가 있습니다. 그럴 때 사용하는 기능이 바로 Ducking입니다. 주 영상의 오디오를 강조하고, 배경 음악이 주 영상에 피해가 가지 않도록 조절할 수 있습니다.

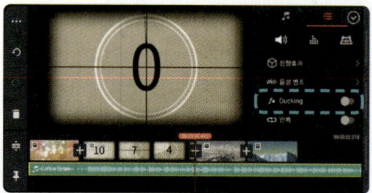

1 배경 음악(오디오)을 선택하고, Ducking 기능을 활성화합니다. 그러면 배경 음악 부분이 회색으로 바뀝니다.

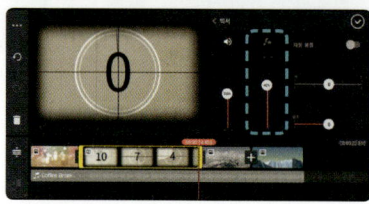

2 주 영상을 선택한 후, 소리(스피커 모양 아이콘)를 선택합니다. 믹서에서 Ducking 표시의 스피커 용량을 원하는 만큼 줄여 줍니다.

6. 인트로 영상 만들기

영상에 나만의 인트로 영상을 넣으면 자신만의 개성을 보여 줄 수 있겠지요? 멋진 인트로 영상을 만드는 방법도 알려 드릴게요.

① 키네마스터 앱을 열고, '프로젝트 받기'를 누릅니다.

② ▶ 다양한 프로젝트 중 관심 있는 것을 클릭하면, 그 프로젝트에 어떤 효과가 있는지 확인할 수 있습니다. 선생님이 원하시는 효과를 검색할 수도 있고, 주제를 선택하여 볼 수도 있습니다.

③ ▶ 프로젝트 영상을 보고, 왼쪽 하단에 쓰인 재생 시간과 화면 비율을 확인합니다. 해당 프로젝트를 사용하고 싶다면 '다운로드' 버튼만 누르시면 됩니다.

④ 프로젝트에 다운로드가 필요한 에셋이 포함되어 있는 경우, 아래와 같은 문구가 나온 후 에셋 숍으로 연결됩니다. 키네마스터 무료 버전을 사용하더라도, 프리미어 에셋을 제외한 부분은 다운로드하여 바로 편집을 시작할 수 있습니다.

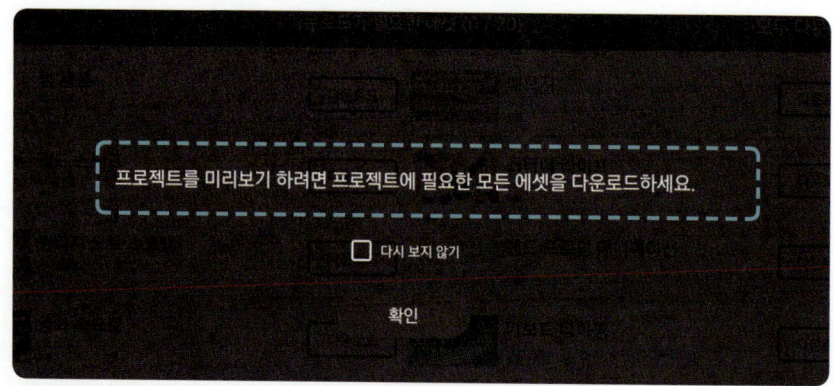

⑤ 편집 화면으로 가면 각각의 사진이 컷 편집된 상태로 나타납니다. 프로젝트의 사진을 영상에 넣고 싶은 사진으로 바꾸고 나면, 전문가가 만든 듯한 인트로 영상을 완성할 수 있습니다. 편집한 인트로 영상은 바로 내보내기하여 사용할 수 있습니다.

7. 영상 내보내기

마지막으로 선생님들이 정성껏 편집한 영상을 내보내기해야 모든 여정이 끝이 납니다. 촬영한 영상의 프레임과 같게 출력하는 것이 가장 중요한 포인트입니다.

해상도는 '화면의 선명함'이라고 생각하시면 되는데, 촬영한 영상의 최대 사이즈를 넘지 않도록 설정해야 합니다. 즉, 1,080p(FHD)로 촬영한 영상을 1,440p(QHD)로 내보내기하면 영상이 깨진 것처럼 보일 수 있습니다.

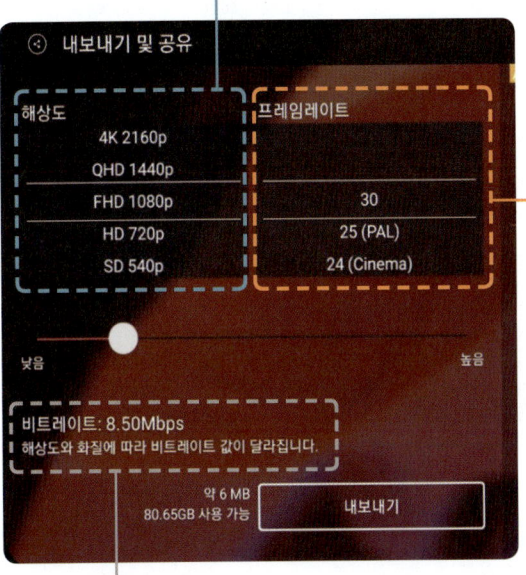

프레임레이트(frame rate) 단위는 fps이고, 1초당 재생되는 프레임(이미지) 수를 뜻합니다. 1초당 재생되는 프레임 수가 많을수록 화면의 움직임이 자연스럽습니다.

영화, 광고, 뮤직비디오 등 감성적인 영상은 보통 24fps를 사용하지만, 대부분은 30fps를 사용합니다. 프레임레이트 역시 촬영한 영상의 프레임 수를 선택해야 영상이 끊겨 보이지 않습니다.

비트레이트(bit rate) 단위는 bps이고, 저장할 때 1초당 처리하는 데이터 크기를 뜻합니다. 해상도와 프레임레이트에 따라 비트레이트 값과 영상의 용량이 달라집니다.

상상그리다필름의 Tip

보통 해상도 2,160p(UHD)는 35~45Mbps를, 1,440p(QHD)는 16Mbps를, 1,080p(FHD)는 8Mbps를, 720p(HD)는 5Mbps를 이용합니다. '아직도 이 수치를 잘 모르겠다!' 하시는 선생님은 비트레이트를 보통 이상으로 설정하고 내보내기를 하시면 됩니다.

04
화면 속 화면!
색다른 영상 만들기 with 키네마스터

> 조혜령 선생님

이번 시간에는 학교뿐만 아니라 일상생활에서 많이 활용할 수 있는 'PIP' 기능을 소개하려고 합니다. PIP 기능을 사용하면 좀 더 색다르면서도 고급스러운 분위기의 영상을 연출할 수 있는데요. 저는 특히 연말에 이 기능을 활용해 아이들과 독특한 새해 인사 영상을 만들어 보곤 합니다.

앞에서 소개해 드렸던 영상 편집 앱 키네마스터를 사용하면 선생님들도 쉽게 'PIP' 기능을 사용하실 수 있습니다. 더불어 '화면 분할' 기능도 함께 말씀드릴게요.

그럼 지금부터 활용도 1,000%! PIP 기능을 함께 배우러 가 보실까요?

1. PIP 란?

'PIP'는 'Picture in Picture(화면 속 화면)'의 줄임말로, 영상이나 사진 안에 또 다른 영상이나 사진을 넣는 기능을 말합니다.

뉴스를 보다 보면, 작게 다른 화면을 띄우거나 오른쪽 밑에 수어를 동시통역하는 장면이 함께 제공되곤 하는데요. 이것이 바로 PIP 기능을 활용한 예입니다.

또 화면 안에 과거 회상이나 상상하는 장면을 작게 넣는 경우, 어린이 애니메이션에서 태양 안에 아기의 얼굴을 보이게 하는 경우도 바로 PIP 기능을 사용한 것입니다. 요즘은 유튜버가 컴퓨터 화면을 보면서 설명할 때 시청자도 해당 화면을 함께 볼 수 있도록 PIP 기능을 사용하기도 합니다.

PIP 기능은 수업할 때도 유용하게 활용할 수 있습니다. 온라인 수업 영상에서 선생님이 설명하는 장면에 PPT 화면을 띄우거나, 반대로 PPT 화면에 선생님의 얼굴을 작게 편집하여 넣을 수도 있습니다. 학생들의 발표회 영상에서도 학생들의 작품을 화면에 작게 띄워 주는 등 기능을 다양하게 활용할 수 있답니다.

2. 키네마스터 PIP 기능 익히기

① 키네마스터 앱을 실행하고, '새로 만들기'를 클릭합니다.

② ▶ '미디어' 메뉴에서 배경이 될 사진 또는 영상을 선택합니다.

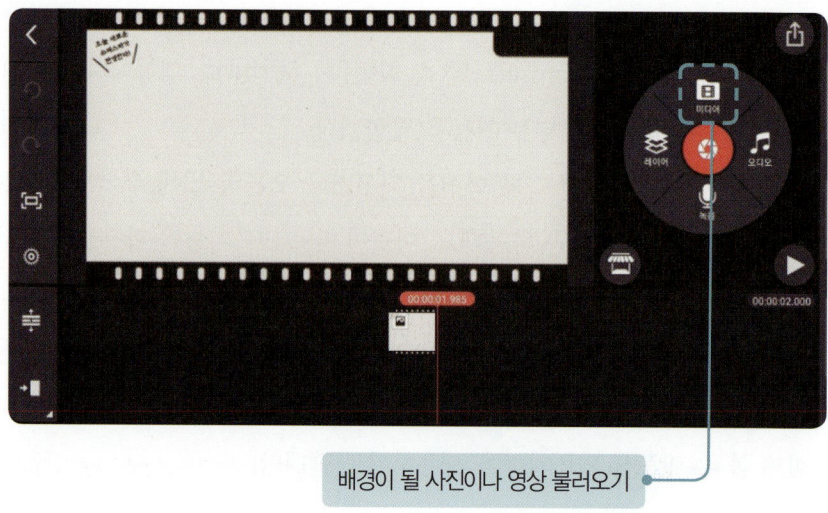

배경이 될 사진이나 영상 불러오기

③ ▶ 배경 안에 들어갈 사진 또는 영상은 '레이어' 메뉴에서 '미디어'를 선택하여 삽입합니다.

배경 안에 들어갈 사진이나 영상 불러오기

④ 사진이나 영상을 누르면 활성화되는 '화살표'로 기울기와 크기를 조절합니다.

⑤ 특정한 모양 안에 사진이나 영상을 넣고 싶다면, 대상을 눌러 편집 메뉴를 활성화합니다. 그리고 '크롭'을 선택합니다.

⑥ 크롭에서 '마스크'를 활성화합니다.

마스크 활성화하기

⑦ '모양'에서 원하는 모양을 선택합니다. 여기서는 다양한 모양 중 마름모꼴을 선택해 볼게요.

모양 선택하기

⑧ 사진 또는 영상 모서리의 '+'를 이용해 원하는 만큼 크기를 조절합니다.
'페더'의 바를 움직여 사진이나 영상 가장자리의 부드러운 정도를 조절합니다. 페더 효과를 많이 줄수록 가장자리를 부드럽고 흐리게 표현할 수 있습니다.

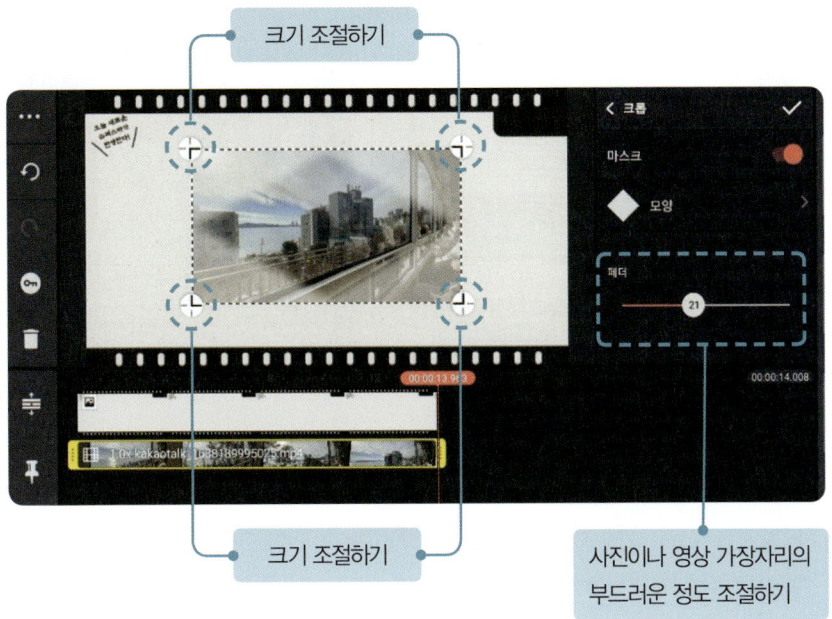

⑨ '화살표'를 이용하여 사진이나 영상을 원하는 부분에 배치합니다.

⑩ 결과물에 영상의 소리가 들어가지 않게 하려면, 또는 소리를 작거나 크게 조절하려면 영상을 눌러 편집 화면을 활성화한 다음 '스피커' 모양을 눌러 소리를 조절합니다.

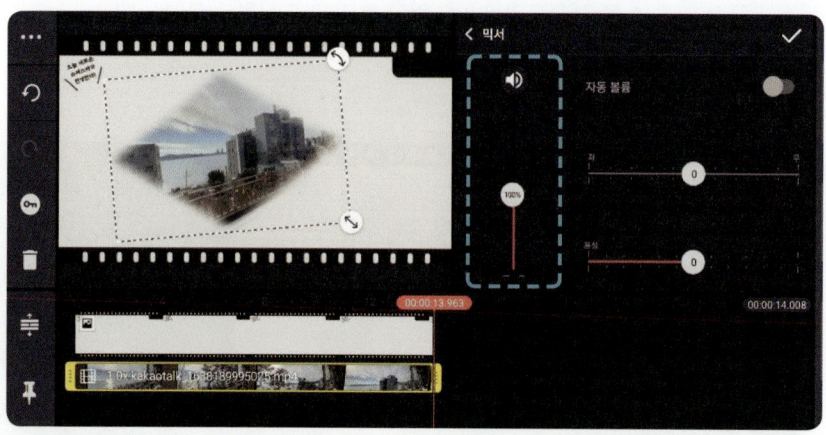

⑪ 필요한 경우, 사진 또는 영상이 배경에 나타나거나 사라질 때의 '애니메이션'을 설정합니다.

역시 키네마스터 앱은 어렵지 않으시죠? 영상을 보고 천천히 따라 해 보세요.

'PIP 기능'이 궁금하시다면?
영상 보러 가기 ▶

상상그리다필름의 TIP

영상 배경으로 쓸 이미지를 인터넷으로 찾는 방법도 좋지만, 미리캔버스에서 직접 제작해서 쓰면 더 편리합니다. 저작권 걱정도 없고, 내가 원하는 이미지를 그대로 표현할 수 있기 때문이지요. 영상 제작에 사용할 배경을 '비바샘>상상그리다필름의 영상클래스>키네마스터 PIP 기능 활용하기'에서 다운로드하여 활용해 보셔도 좋겠습니다.

하지만 선생님 마음에 쏙 들지 않는 경우도 있을 거예요. 그렇다면 직접 배경을 만들어 보는 것은 어떨까요? 또 키네마스터 앱은 에셋에서 이미지나 영상 배경을 내려받아 활용할 수도 있으니 꼼꼼히 살펴보시기 바랍니다.

3. 키네마스터 화면 분할 기능 익히기

추가로 키네마스터에 있는 화면 분할 기능도 알려 드리겠습니다.
PIP가 화면 안에 또 다른 화면을 띄우는 것이라면, 화면 분할은 전체 화면을 여러 개의 영역으로 나누고, 그 안에 사진이나 영상을 배치하여 동시에 보여 주는 것입니다.

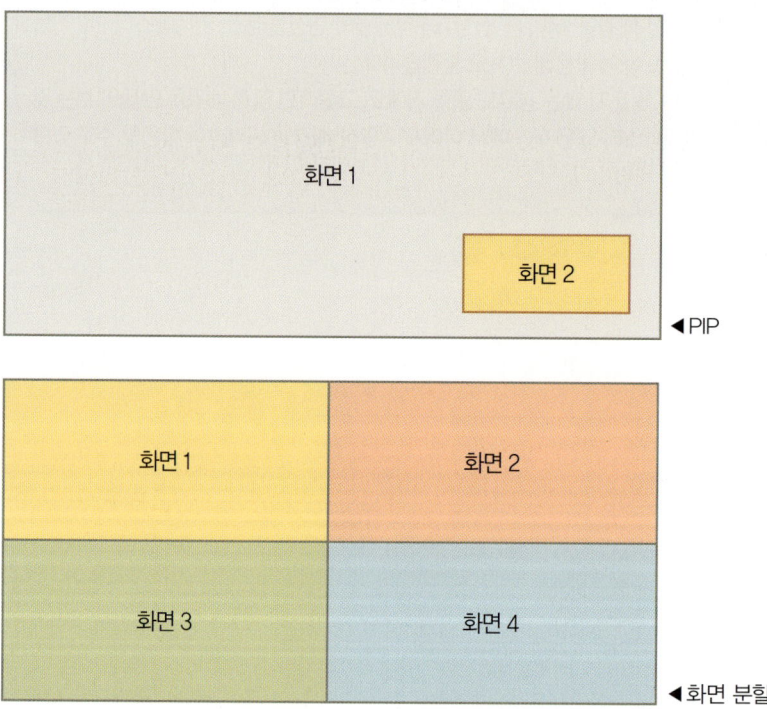

◀ PIP

◀ 화면 분할

화면을 나누어 두 사람의 움직임을 한 번에 보여 주거나 분할된 장면이 나중에 한 장면으로 연결되는 방식의 영상을 보신 적이 있으실 겁니다. 화면 분할을 활용하면 영상에 설명을 덧붙이거나 여러 장면을 대조할 때 큰 효과를 얻을 수 있습니다.
그럼 본격적으로 키네마스터에서 화면 분할을 해 봅시다.

① ▶ '미디어' 메뉴에서 화면의 배경이 될 이미지를 선택합니다. '이미지 에셋'에서 기본 배경을 내려받아 사용하면 편리합니다.(필요한 경우 '페인트 모양'을 선택하여 색을 변경할 수도 있습니다.)

② ▶ 분할 화면으로 담을 사진이나 영상은 '레이어' 메뉴에서 '미디어'를 선택하여 넣습니다.

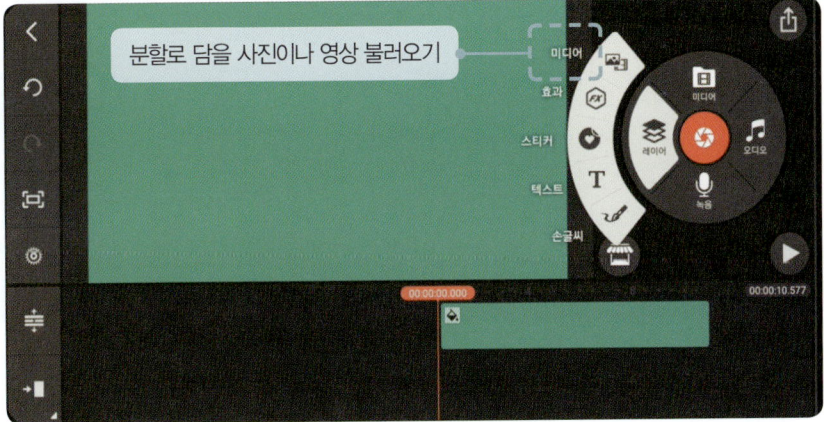

③ **[분할 방법 1]** 원하는 사진이나 영상을 여러 개 불러온 다음, 손가락 터치로 각각 크기를 조절하여 화면에 배치합니다. 내가 원하는 대로 여러 개의 사진이나 영상을 다양하게 배치할 수 있지만, 손으로 조절하는 것이기 때문에 영역을 정확하게 나누기 어렵다는 단점이 있습니다.

④ **[분할 방법 2]** 원하는 사진이나 영상을 누르고 편집 메뉴를 활성화합니다. 그다음 '화면 분할'을 누릅니다. 원하는 분할 모양을 선택하고, 가운데 화살표로 크기를 조절합니다. 화면 분할이 매끄럽게 잘 되지만, 배치 방법이 다양하지 않고 사진 또는 영상의 일부만 보인다는 단점이 있습니다.

더 자세한 내용은 영상으로 확인해 보세요!

'화면 분할 기능'이 궁금하시다면?
영상 보러 가기 ▶

어떠셨나요? PIP와 화면 분할 기능을 활용하여 선생님만의 독특한 영상을 만들어 보시면 좋겠습니다.

05

예능 방송처럼 느낌 있는 자막 넣기
with 뱁믹스, 뱁션

> 최영식 선생님

　최근 영상을 다루는 사람이 많아지면서 영상 편집 프로그램의 종류도 매우 다양해졌습니다. 프로 영상 편집자들은 매월 비용을 지불하고 다양한 기능이 있는 편집 프로그램을 사용하기도 하죠. 하지만 수업 영상 제작을 위해 매월 구독료를 지불하기가 쉽지 않고, 간단한 편집 기능만으로도 수업 영상을 제작하기에 충분하므로 많은 선생님들이 무료 프로그램을 활용하고 있습니다.

　이번 시간에 알려 드릴 뱁믹스와 뱁션은 초보자도 쉽게 사용할 수 있는 무료 영상 편집 프로그램입니다. 지금부터 이 프로그램을 활용해 멋진 영상을 만들어 보고, 퀄리티 높은 자막까지 넣어 보겠습니다.

1. 뱁믹스와 뱁션

앞서 '영상의 기본 제작 과정'에서 배운 내용을 잠시 떠올려 보겠습니다.

영상 제작을 할 때는 '프리프로덕션 ➡ 프로덕션 ➡ 포스트프로덕션'의 3단계를 거칩니다. 마지막 단계인 포스트프로덕션 단계에서 우리는 영상 편집 프로그램을 사용하여 촬영한 내용 중 내가 원하는 부분을 추출하고, 필요 없는 부분을 잘라 내고, 배경음, 효과음, 자막 등을 넣어서 영상을 완성합니다.

뱁믹스는 이러한 편집을 할 수 있는 도구로, '컷 편집하기', '영상 효과 넣기', '배경음 및 효과음 넣기', '자막 넣기' 등을 할 수 있는 기본 영상 편집 프로그램입니다. 직관적으로 구성되어 있어 초보자도 쉽게 배울 수 있습니다.

뱁션은 영상을 편집할 순 없지만 '자막 넣기'에 특화된 프로그램입니다. 뱁믹스 안에 뱁션이 포함되어 있다고 보시면 됩니다. 영상 편집 숙련자들도 자막을 넣을 땐 뱁션을 사용하는 사람이 많습니다. 뱁션에서 제공하는 자막의 질이 높기도 하고 효과음, 방송 자막, 자막 효과 등을 쉽게 사용할 수 있기 때문이죠.

그럼 지금부터 뱁믹스와 뱁션을 하나하나 살펴보겠습니다.

2. 뱁믹스로 영상 편집하기

① 설치하기

뱁믹스 공식 홈페이지(www.vapshion.com)에 접속하고, 파일을 다운로드해 설치합니다. 회원 가입을 해야 이용할 수 있습니다.

② 영상 불러오기

뱁믹스를 실행하고 나오는 첫 번째 화면에서 '사진·영상 열기'를 눌러서 촬영한 영상이나 다운로드한 영상을 가져옵니다. 그러면 불러온 영상이 왼쪽 아래에 활성화됩니다.

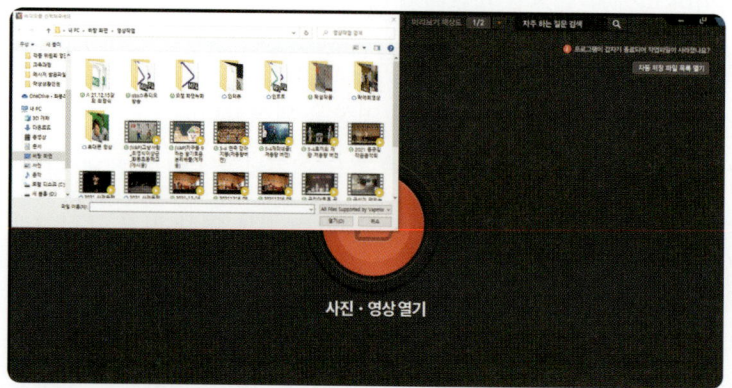

③ 영상 자르기

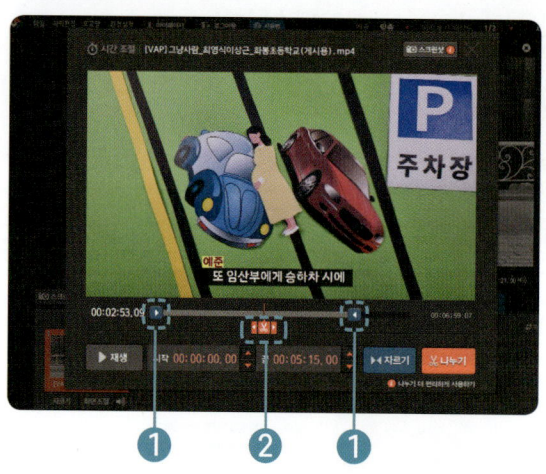

영상을 자를 때는 '자르기' 버튼을 누른 다음, 파란색 화살표(①)를 움직여서 내가 필요한 영역만 남길 수 있습니다. 빨간색 가위 버튼의 화살표(②)를 누르면 영상을 더 세밀하게 자를 수 있습니다.

④ 영상 나누기

'나누기'는 영상을 분할할 때 씁니다. 분할한 후에 드래그해서 자유롭게 순서를 변경할 수 있습니다.

나뉜 영상 중 필요 없는 부분은 삭제할 수 있고, '사진·영상 가져오기'를 클릭해서 다른 영상 파일과 함께 편집할 수도 있습니다.

⑤ 속도 조절하기

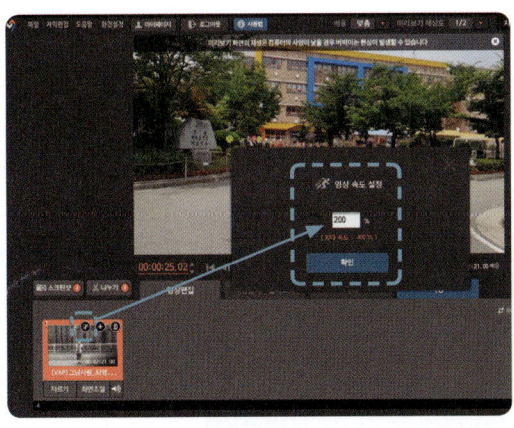

'속도 조절'을 클릭해 봅시다.

입력 칸에 숫자를 입력해 영상의 속도를 빠르게 또는 느리게 조절할 수 있습니다.

속도에 변화를 주면 영상이 단조롭지 않고, 지루하지 않은 느낌을 줍니다.

⑥ 화면 조절하기

'화면조절'을 클릭해 봅시다.

화면 확대 및 축소, 좌우 반전, 회전 등의 효과를 줄 수 있습니다. 특정 부분만을 확대하고 싶을 때는 나누기를 통해 그 부분만 확대할 수도 있습니다.

⑦ 소리 조절하기

녹화된 영상 속 소리가 작다면, 스피커를 클릭하여 영상 속 소리를 크게 키울 수 있습니다.

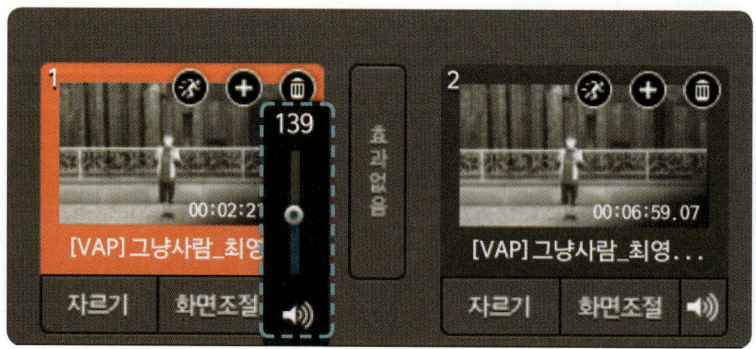

⑧ 장면 전환 효과 넣기

장면 전환은 '오버랩 효과'만 제공합니다. 앞·뒤 영상의 1초를 결합하여 다음 영상으로 부드럽게 이어 주는 효과입니다.

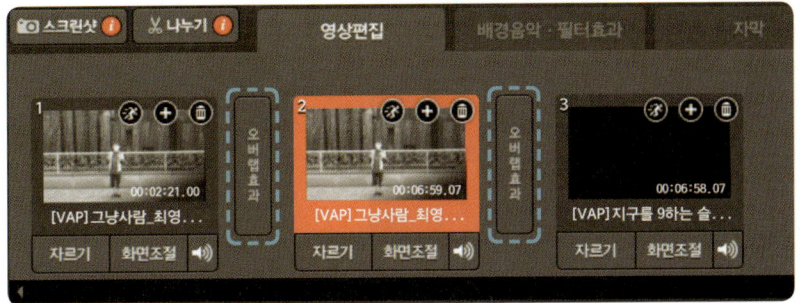

상상그리다필름의 TIP
영상과 영상 사이에 '검은색 빈 화면'을 추가하면 영상을 더욱 부드럽게 연결할 수 있으며, '필터 효과'를 통해 흑백 사진 효과 등을 줄 수도 있습니다.

⑨ 배경 음악 넣기

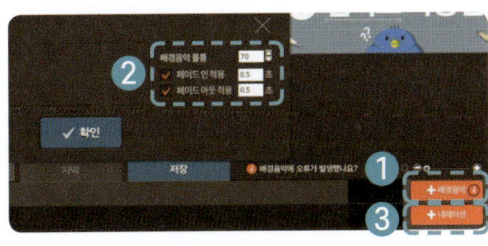

배경음악(①)을 클릭 후, 음원을 선택하여 영상에 적용합니다.

이때 배경음악 볼륨(②)을 조절할 수 있습니다. 또 소리가 점점 커지는 페이드인, 끝나는 부분에서 소리가 점점 작아지는 페이드아웃도 적용할 수 있습니다. 효과음도 배경 음악을 삽입하는 것과 같은 방법으로 원하는 위치에 넣으시면 됩니다. 내레이션(③) 기능을 이용하여 음성을 녹음해서 영상에 적용할 수 있고, 따로 녹음을 한 후 녹음 파일을 바로 적용할 수도 있습니다.

⑩ 렌더링 하기

영상을 완성했다면 이제 동영상 파일로 변환하는 작업이 필요합니다. 이 작업을 '렌더링'이라고 하는데, 성능이 좋은 컴퓨터를 사용하면 렌더링 시간을 단축할 수 있습니다.

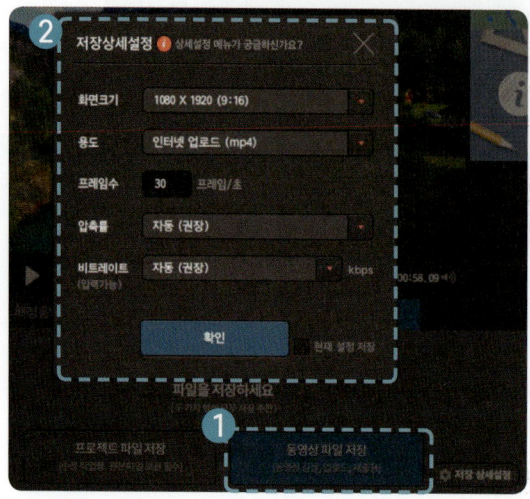

프로젝트 파일 저장은 수시로 해 주고, 최종적으로 작업이 완료됐으면 동영상 파일 저장(❶)을 클릭합니다.

저장상세설정(❷)에서 화면 크기는 1,080×1,920(9:16), 용도는 인터넷 업로드(mp4), 프레임 수는 30, 나머지 부분은 자동으로 설정합니다.

완성한 영상을 재생해 보고, 수정하고 싶은 부분이 있으면 프로젝트 파일을 열어서 수정한 뒤 동영상을 다시 저장하면 됩니다.

영상으로 뱁믹스 사용법을 더 자세히 살펴보세요.

'뱁믹스 사용법'이 궁금하시다면?
영상 보러 가기 ▶

3. 뱁션으로 간편하게 멋진 자막 넣기

① 설치하기

뱁믹스를 설치하셨다면 따로 뱁션을 설치하지 않아도 됩니다. 뱁믹스를 사용하지 않는 분은 공식 홈페이지에서 뱁션을 다운로드합니다. 뱁션은 영상 편집을 할 수 없는 자막 넣기 프로그램으로, 프로그램이 가벼운 편이어서 사양이 낮은 컴퓨터에서도 충분히 사용할 수 있습니다.

② 무료 자막 넣기

무료 자막(❶)에서 자막 스타일을 선택한 다음 '넣기'를 클릭합니다.

입력 박스(❷)를 드래그하여 적당한 곳에 배치하고, 입력 박스에 자막을 입력한 뒤 글자의 크기를 조절합니다.

하단 메뉴(❸)에서는 크기뿐만 아니라 행간, 자간 및 색상, 글꼴 등을 다양하게 변경할 수 있습니다.

③ 자막에 효과음 넣기

'자막에 효과음 넣기'는 가장 주목할 만한 뱁션의 장점입니다. 편집자가 효과음 음원 파일을 꼭 가지고 있지 않아도 되며, 뱁션에서 제공하는 효과음을 클릭 한 번으로 넣을 수 있습니다. 자막 효과도 영상에 바로 적용할 수 있는데요. 무료로 제공하는 '타자기 효과'만으로도 색다르게 연출할 수 있습니다.

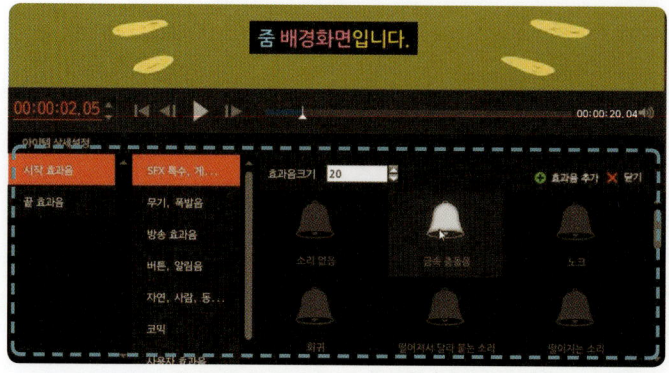

④ 유료 자막 넣기

무료 자막에 원하는 스타일이 없다면 유료 자막을 둘러보시기 바랍니다. TV 예능에서 흔히 보는 자막들은 대부분 유료입니다.

자물쇠로 잠겨 있는 자막을 누르면 아이템 숍으로 이동합니다.

이용권은 전체를 다 구매하기보다 개별 구매를 통해 원하는 자막 한두 개를 구입하는 것이 합리적입니다.

비용을 지불하고 효과를 다운로드한 다음 뱁션으로 돌아오면 구매한 자막 효과를 바로 적용할 수 있습니다.

> **상상그리다필름의 TiP**
>
> 자막의 시간을 조절할 때 유용한 팁을 알려 드리겠습니다.
> 자막의 내용을 입력한 후 자막이 보이는 시간을 조절해야 하는데, 시간도 오래 걸리고 매번 시간을 입력하기도 참 어렵습니다. 그럴 때 키보드에 있는 대괄호 키 '[', ']'를 이용합니다. 영상을 재생하고 키보드 '[', ']'를 누르면 키보드를 누른 시간에 맞춰 시간이 자동 입력됩니다.
> 그리고 '자막 넣기'를 클릭하거나 우측 상단에 '복사'를 눌러서 영상에 자막을 여러 개 삽입할 수 있습니다. 이때도 대괄호 키를 이용해 각 자막의 시간을 조절해 줍니다. 그다음 각 자막에 효과음과 자막 효과를 넣어서 취향대로 영상을 꾸밀 수 있습니다.

뱁션으로 멋진 자막 넣는 방법, 영상으로도 확인해 보세요.

'뱁션으로 자막 넣기'가 궁금하시다면?
영상 보러 가기 ▶

어떠셨나요? 클릭 몇 번으로 컷 편집, 장면 복사, 영상 순서 변경, 오버랩 효과 같은 기능을 쉽게 적용할 수 있다는 것은 뱁믹스의 큰 장점입니다.

영상 편집 프로그램으로서 뱁믹스도 좋지만, 뱁션은 특히 꼭 사용해 보시면 좋겠습니다. 뱁션에서 제공하는 자막의 퀄리티가 아주 높으므로, 몇 가지만 사용해도 훨씬 멋진 작품을 만드실 수 있습니다.

06
고급 영상 편집 프로그램 슬쩍 맛보기 with 프리미어 프로

> 최영식 선생님

    교사가 사용할 수 있는 동영상 편집 프로그램은 매우 다양하지만, '영상 편집 좀 한다!' 하시는 분들이 주로 사용하는 프로그램이 있습니다. 바로 어도비(Adobe)사의 프리미어 프로입니다.

    프리미어 프로는 매우 많은 기능을 갖추고 있고, 편집자가 구현하고자 하는 바를 가장 정확하고 효과적으로 표현할 수 있기 때문인데요.

    지금부터 프리미어 프로로 영상 편집을 하기 전에 생각해 볼 점과, 프리미어 프로의 간단한 사용법을 알려 드리겠습니다.

1. 영상을 편집하기 전 생각해 볼 점

① 편집보다 중요한 촬영, 촬영보다 중요한 계획

앞서 살펴보셨지만, 영상 제작은 프리프로덕션→프로덕션→포스트프로덕션의 순서로 진행됩니다. 그중, 가장 중요한 과정은 프리프로덕션 단계입니다.

각 영상 제작 단계에서 하는 일

프리프로덕션(계획)	• 시나리오 작성 및 분석, 시나리오의 시각화(콘티, 스토리보드), 전체 스케줄 작성, 예산, 세부 사항과 콘셉트 등의 모든 계획
프로덕션(촬영)	• 영상 촬영
포스트프로덕션(편집)	• 영상 편집, 색 보정, 음악과 음향 추가, 시각적 특수 효과 추가

프리미어 프로는 마지막 포스트프로덕션 단계에서 사용하지만, 계획 없이 촬영한 영상 소스들로 편집을 하려고 하면 건질 만한 영상이 없거나 결과물이 만족스럽지 못한 경우가 많습니다. 따라서 사전에 계획을 꼼꼼하게 세우는 것이 매우 중요합니다.

마스크 완전 정복 스토리보드

컷	장면 설명	촬영 및 편집	효과음
1	쉬는 시간 친구와 이야기하는 아이들(3명 정도). 아이 1의 얼굴이 붉고, 감기 기운이 있는 듯하다. 마스크로 입만 가린 채 재채기를 하는 아이 1	(아이 연기) 교실 전체 풍경 잡고 아이 3명 클로즈업	평화롭고 발랄한 음악
2	이를 본 아이 2, 불쾌한 듯 단호한 표정으로 말한다. 아이 2: 너 마스크도 제대로 안 쓰고 재채기를 하면 어떻게 해. 아이 1: 마스크 썼잖아. 아이 2: 코까지 제대로 막고 밀착시켜야지. 이렇게 헐겁게 쓰면 비말이 마스크 밖으로 나와서 퍼질 수 있잖아. 마스크도 본인 얼굴에 맞는 크기의 마스크를 사용해야 해. 자, 이거 써.(마스크를 건네준다.) 아이 1: 고마워.(마스크를 바로 착용한다.)	(아이 연기) 슬로 모션, 영상에 침방울 입히기	추리 영화 BGM

▲ 영상을 촬영하기 전에 작성한 스토리보드

② 시퀀스의 개념을 알자! '시퀀스 = 도화지'

 촬영을 하다 보면 위 그림처럼 다양한 크기의 사진과 영상이 모입니다. 이러한 사진과 영상들을 한 화면에 담으려면 도화지가 필요한데요. 그것이 바로 '시퀀스'입니다.

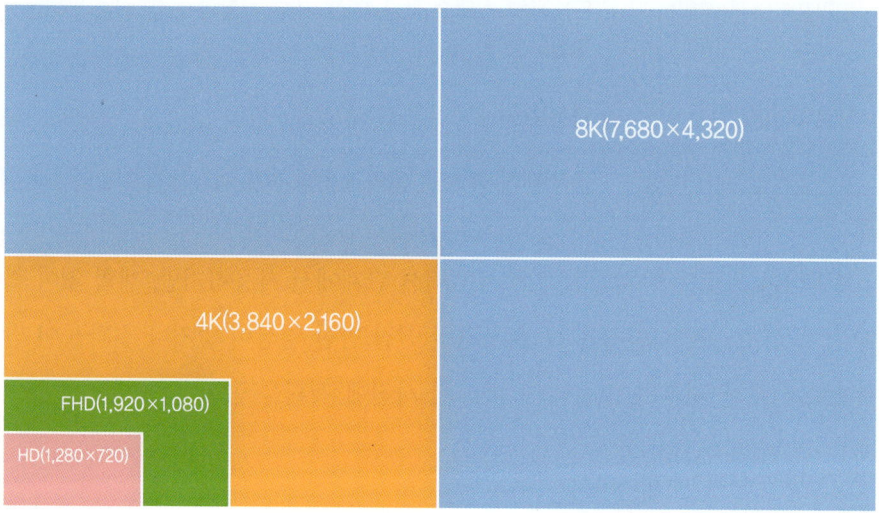

 여러분이 흔히 아는 FHD는 화면의 최소 단위인 픽셀이 가로 1,920개, 세로 1,080개로 이루어져 있다는 뜻입니다. 4K는 FHD에서 가로세로가 2배씩 커진 크기로 넓이는 4배가 큽니다. 8K는 4K에서 가로세로가 2배씩 커진 크기로 FHD의 16배 크기입니다.

3 무조건 크게 찍자!

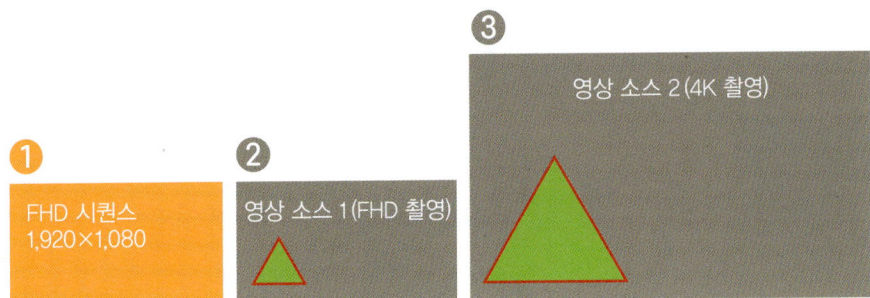

영상을 편집하다 보면 강조 효과를 주기 위해 특정 부분을 확대해야 하는 경우가 있습니다.

여러분이 FHD 시퀀스(①)로 영상을 만든다고 가정해 봅시다. 같은 FHD 크기로 촬영한 영상 소스 1(②)의 초록색 세모를 FHD 시퀀스에 가져와 확대해서 사용하면 어떻게 될까요? 영상 소스 1의 전체 크기가 FHD이므로, 세모를 확대하면 화면의 픽셀들이 깨지고 해상도가 낮아 보이는 현상이 일어납니다.

이를 방지하려면 영상 소스를 촬영할 때 FHD보다 큰 크기로 촬영하는 것을 권장합니다. 영상 소스 2(③)처럼 4K로 촬영하면 화면 자체가 크게 찍히므로, 삼각형을 FHD 시퀀스로 가져와 확대하더라도 깨져 보이거나 해상도가 낮아 보이지 않습니다.

> **상상그리다필름의 Tip**
> - 큰 용량으로 촬영하다 보면 저장 공간이 금세 부족해집니다. SD카드니 마이크로 SD카드 등 보조 저장 장치를 미리 준비해 두시면 좋습니다.
> - 촬영 중 배터리 소모로 인해 촬영을 지속하기 어려울 수 있습니다. 충전기나 보조 배터리도 꼭 준비하시길 바랍니다.

④ 프로젝트 파일은 작업 지시서

보통 영상 원본 파일은 크기가 매우 큽니다. 프리미어 프로로 원본 파일을 바로 편집하려고 하면 영상을 나누는 작업만으로도 컴퓨터에 과부하가 걸리고 시간이 오래 걸릴 수 있습니다.

그래서 다른 영상 편집 프로그램처럼 프리미어 프로에서도 '프로젝트 파일'을 사용합니다. 프로젝트 파일은 일종의 작업 지시서라고 생각하시면 됩니다. 프리미어 프로는 원본 파일 자체를 편집하는 것이 아니라, 원본 파일이 있는 곳의 주소를 프로젝트 파일에 연결하여 그 정보로 편집을 진행합니다. 그래서 용량이 매우 큰 파일들을 무리 없이 편집할 수 있는 것입니다.

또 원본 영상 소스를 하나의 폴더에 저장하는 습관을 들여야 합니다. 작업한 파일을 동영상으로 변환하는 렌더링 전까지는, 프로젝트 파일이 원본과 연결되어 있습니다. 따라서 원본 파일이 삭제되거나, 컴퓨터를 옮겨서 작업했을 때 원본 파일이 없으면 그동안 저장해 둔 프로젝트 파일을 사용할 수 없게 됩니다.

자리를 옮겨서 작업하거나 여러 사람이 공동으로 작업할 때에는 한꺼번에 파일을 옮길 수 있도록 하나의 폴더에 원본 파일 모두를 저장해 두는 것이 좋습니다.

> **상상그리다필름의 Tip**
>
> 누구나 한 번쯤은 한글 프로그램으로 작업을 하다가 실수로 보고서나 과제를 날려 버린 경험이 있을 겁니다. 프리미어 프로도 마찬가지입니다.
> 저장 단축키인 'Ctrl+S'를 꼭 외워 두고 습관적으로 자주 누르시기 바랍니다.

지금까지 말씀드린 내용을 영상으로도 확인해 보세요.

'영상 편집 전 생각해 볼 점'이 궁금하시다면?
영상 보러 가기 ▶

2. 프리미어 프로의 화면 구성 및 기초 편집

프리미어 프로의 기본 화면 구성은 다음과 같습니다.

① **메뉴 바**: 프리미어 프로에서 실행하는 명령이 모여 있는 곳입니다. 프리미어 프로의 작업 환경과 클립, 시퀀스 설정을 변경할 수 있고, 작업 영역 모드를 변경하거나 도움말 등을 확인할 수 있습니다.

② **워크스페이스 패널**: 작업에 따라 필요한 패널을 최적화된 레이아웃으로 보여 줍니다. 클릭 한 번으로 간단하게 사전 설정된 작업 영역으로 변경할 수 있습니다.

③ **소스 패널**: 선택한 클립의 영상 소스를 편집하는 패널입니다. 영상 소스를 원하는 길이로 편집하여 타임라인에 삽입하거나 덮어쓸 수 있습니다.

④ **프로그램 패널**: 현재 타임라인의 편집 기준선이 있는 지점을 표시하는 패널입니다. 편집 과정에서 사용한 이펙트나 트랜지션 효과를 모두 보여 줍니다.

⑤ **프로젝트 패널**: 프리미어 프로에서 작업 중인 프로젝트의 모든 소스를 표시하는 패널입니다.

⑥ **도구 패널**: 타임라인에서 영상 클립을 편집하는 데 필요한 도구가 모여 있는 패널입니다.

⑦ **타임라인 패널**: 영상을 편집할 때 영상 소스와 사운드 소스를 클립으로 표시하는 패널입니다.

⑧ **오디오 미터 패널**: 재생하는 오디오 전체의 레벨(음량)을 표시하는 패널입니다.

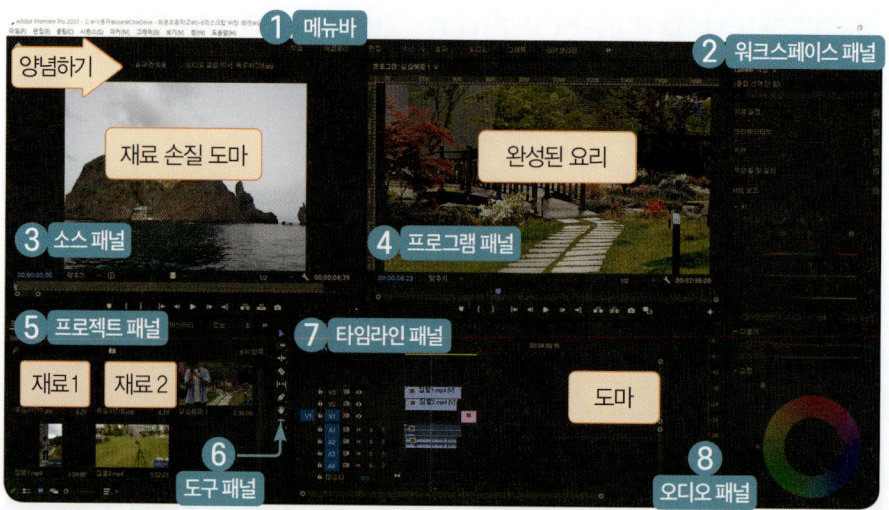

영상을 편집하는 일을 요리에 비유해 보겠습니다. 음식을 만들기 전, 한 곳(프로젝트 패널)에 재료(영상 소스)를 모아 둡니다. 재료를 도마(소스 패널)에 놓고 간단하게 손질합니다. 손질된 재료들은 또 다른 도마(타임라인 패널)에 올려 놓고 각종 조리 도구(도구 패널)를 이용해서 요리를 합니다. 이때 양념도 하고 간도 맞추는 작업은 대부분 효과 컨트롤 탭에서 이루어집니다. 이렇게 완성된 요리는 프로그램 패널에서 확인할 수 있습니다.

프리미어 프로의 기초 편집 과정은 영상을 통해 더 쉽게 설명해 드릴게요.

'프리미어 프로의 기초 컷 편집'이 궁금하시다면?
영상 보러 가기 ▶

상상그리다필름의 Tip

프리미어 프로는 고급 영상 편집 프로그램이므로 그에 따른 컴퓨터의 성능을 요구합니다. CPU가 좋으면 렌더링 속도가 빨라지고, 버벅거림 없이 수월하게 작업할 수 있습니다. CPU는 최소한 i5 이상, 가능하다면 i7을 추천합니다. 그래픽 카드는 최소 GTX1,060 이상, RAM은 최소 16기가 이상을 사용하시는 것이 좋습니다.

프리미어 프로, 생각보다 어렵지 않죠? 차근차근 컷 편집부터 도전해 보세요. 선생님의 도전을 응원합니다!

쌤 인터뷰

영상 편집을 할 때 가장 많이 활용하는 프로그램은 무엇인가요?

도행쌤 모션 위주의 영상 작업을 할 때는 '애프터 이펙트, 일러스트레이터'를 주로 사용하고, 촬영 기반 소스 작업을 할 때는 '애프터 이펙트, 프리미어 프로'를 사용합니다. 사진 작업이나 그래픽 작업을 할 때는 '포토샵'을 사용하고, 이미지 사이즈 조절 등 간단한 작업을 할 때는 '포토웍스'를 사용해요.

영식쌤 어도비 프로그램을 많이 사용합니다. 가장 많이 쓰는 프로그램은 '프리미어 프로'로 유료이긴 하지만 영상에서 구현하고자 하는 바를 가장 정확하게 표현할 수 있어서 많이 사용합니다. 영상의 질을 올리기 위해서 '애프터 이펙트'도 틈틈이 배우고 있고요. 간단한 편집을 하거나 예쁜 자막을 달 때는 '뱁믹스'와 '뱁션'도 사용합니다. '곰믹스'도 다양한 기능이 있고 초보자 선생님들도 사용하기 간편해서 추천해요.

서진쌤 간단하게 핸드폰으로 편집할 때는 '키네마스터'를 주로 사용하고요. 컴퓨터로 시간을 들여 작업할 때는 '프리미어 프로'를 사용해요. 처음에 조금 어렵긴 하지만, 영상의 달인이 되고 싶은 선생님들이라면 '프리미어 프로'를 권하고 싶어요.

준웅쌤 저도 고품질의 영상을 제작할 때는 '프리미어 프로'를 주로 사용합니다. 이 외에도 어도비 프로그램들을 조금씩 이용하는 편이고요. 간단한 영상을 제작할 때에는 '비타'나 '멸치' 같은 스마트폰 앱도 자주 사용해요.

민지쌤 '프리미어 프로'와 '애프터 이펙트'를 사용합니다. 사진 보정은 '포토샵'을 아주 유용하게 사용하고 있어요.

성도쌤 저도 비슷합니다. '프리미어 프로'를 기본으로 쓰고, 사진 편집을 할 때는 '포토샵'을 함께 사용합니다.

혜령쌤 저는 학생들에게 영상 제작을 가르치는 일에 관심이 많아서, 학생들이 쉽게 접할 수 있는 '키네마스터', '블로', '비타' 등 스마트폰 앱을 많이 사용하는 편입니다. '프리미어 프로'를 배우고 있긴 하지만, 아직은 초보랍니다.

PART
4

새로운 수업 도구로
스마트한 교실
만들기

01

초간단!
고퀄 **포스터** 디자인하기
with 캔바, 미리캔버스

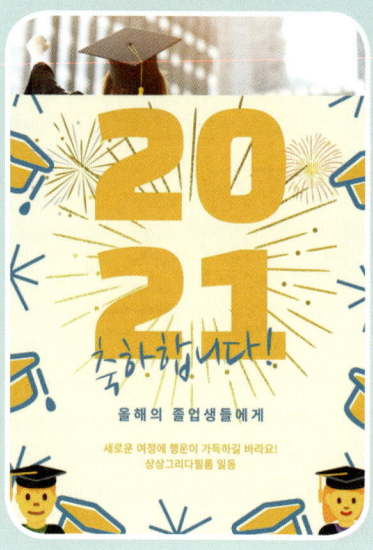 

박준웅 선생님

영상이나 수업 자료를 제작하다 보면 디자인 작업이 필요할 때가 있습니다. 이럴 때 선생님들께선 어떤 방법으로 디자인을 하셨나요?

　디자인에 필요성을 느끼고 디자인을 시작하려는 선생님들께 도움이 될 만한 사이트로, 캔바(canva)와 미리캔버스(miricanvas)를 소개합니다. 이 사이트를 이용하면 디자인을 잘 모르셨던 분들도 아주 쉽게 각종 포스터, 시간표, 게시판, 재치 있는 안내문 등을 만드실 수 있답니다.

1. 캔바란 무엇인가요?

2013년에 출시된 캔바는 전 세계 190개국 이상에서 사용하는 온라인 기반 디자인 도구입니다.

디자인 사이트 중 세계에서 가장 사용자 수가 많으며, 외국에서 제공하는 서비스이기 때문에 영문 디자인에서 독보적인 존재감을 나타내고 있습니다.

화려한 디자인뿐만 아니라 미니멀한 디자인도 상당히 많고, 앱으로도 이용할 수 있어서 스마트폰에서도 쉽게 디자인을 할 수 있다는 장점이 있습니다.

캔바의 기본 기능은 무료이나, 유료 버전을 사용해야 활용할 수 있는 심화 기능과 콘텐츠(템플릿, 사진 등)들이 있습니다. 따라서 유료 결제를 해야 기능과 콘텐츠를 완벽하게 사용할 수 있습니다.

2. 캔바로 디자인하기

캔바를 이용해 기본적인 포스터를 디자인해 보도록 하겠습니다. 캔바는 크롬 브라우저를 이용해야 문제없이 사용하실 수 있습니다.

① 캔바 홈페이지(www.canva.com)에 접속한 후, 회원 가입을 진행합니다. 회원 가입을 할 땐 구글 아이디를 사용하시는 것을 추천하며, 중간에 나타나는 팀 초대는 건너뛰어도 됩니다.

② ▶ 캔바는 다양한 템플릿을 제공합니다. 템플릿 검색창에 키워드를 검색하여 원하는 템플릿을 골라 봅니다. 템플릿을 선택할 때에는 왕관 표시가 없는 무료 템플릿을 고릅니다. 여기서는 졸업 포스터를 선택해 볼게요.

③ ▶ 포스터에 사진도 추가해 볼까요? [요소] 탭의 검색창에 키워드를 검색하고, 나타나는 사진 중 마음에 드는 것을 클릭합니다. 이때도 왕관 표시가 없는 무료 사진을 선택해 주세요.

④ 추가한 사진을 클릭하여 원하는 위치로 이동합니다. 사진의 꼭짓점을 클릭하여 사진 크기를 조절할 수도 있습니다.

⑤ 상단에는 [이미지 편집], [자르기], [뒤집기] 탭이 있습니다. '이미지 편집'에서는 필터로 전체적인 느낌을 조절하거나 세부적인 밝기, 대비, 채도 등을 조절할 수 있습니다. '자르기'에서는 사진을 원하는 부분만큼 자를 수 있고, '뒤집기'에서는 수평이나 수직으로 사진을 뒤집을 수 있습니다.

01. 초간단! 고퀄 포스터 디자인하기 with 캔바, 미리캔버스

⑥ [요소] 탭에서 아이콘이나 도형 등을 추가할 수도 있습니다. 선 및 도형, 그래픽, 사진과 동영상, 오디오, 차트, 표 등 굉장히 다양한 요소가 있는데, 검색창에 내가 원하는 키워드를 넣고 검색하면 그와 관련된 요소들이 나타납니다. 이 중 '그리드'와 '프레임'은 추가한 요소의 모양대로 사진을 넣을 수 있는 기능이 있습니다.

⑦ 텍스트 상자를 더블 클릭하여 글자를 수정하거나 텍스트 상자의 크기를 변경할 수 있습니다. 여기선 연도를 2021로 수정해 볼게요.

⑧ 글자 크기와 색깔이 마음에 들지 않으면 상단의 텍스트 요소를 변경하면 됩니다. 폰트, 크기, 위치, 색상, 정렬 방식, 자간 등을 조절할 수 있습니다. 다른 문장을 추가하고 싶다면 [텍스트] 탭을 클릭해 새롭게 추가하고 싶은 문장을 입력하면 됩니다.

⑨ 포스터의 배경을 클릭하면 여러 가지 배경색이 나타납니다. 원하는 색을 클릭하여 배경색을 바꿀 수 있습니다.

⑩ [더 보기] 탭에서 이모티콘을 클릭하면 귀여운 이모티콘도 추가할 수 있습니다. 키워드에 '졸업'을 검색하고, 포스터 모서리에 졸업생 이모티콘을 배치해 볼게요.

⑪ 내가 가지고 있는 이미지나 동영상, 오디오를 추가하고 싶다면 [업로드] 탭을 눌러 추가합니다. 드래그 앤 드롭으로 아주 쉽게 추가할 수 있습니다.

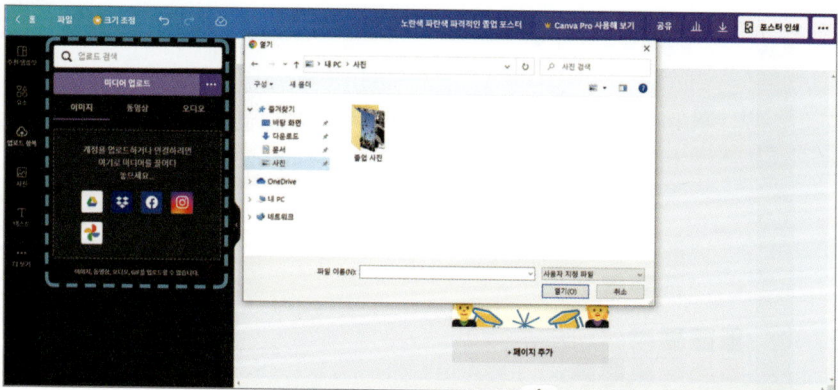

⑫ 완성한 포스터를 저장할 때는 먼저 포스터의 이름을 정합니다.
다운로드 버튼을 누르면 PNG, JPG, PDF 표준과 인쇄 등으로 저장할 수 있는데, 사용 목적에 따라 저장하시면 됩니다.

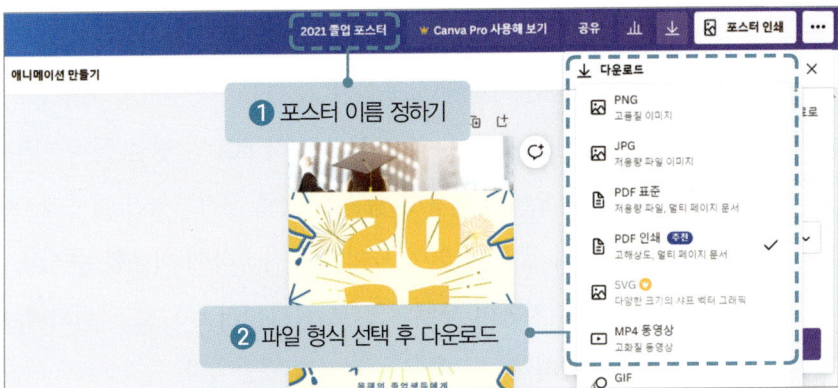

지금까지 설명해 드린 과정을 영상으로 확인해 보세요.

'캔바로 포스터 만들기'가 궁금하시다면?
영상 보러 가기 ▶

3. 미리캔버스란 무엇인가요?

 미리캔버스는 우리나라 IT 기업인 ㈜미리디가 제작한 사이트로, 별도의 프로그램 설치 없이 웹에서 디자인 제작이 가능한 디자인 도구입니다.

미리캔버스는 2022년 1월 기준, 누적 가입자 수가 500만 명을 돌파하면서 빠르게 성장하고 있는데요. 모바일 반응형 웹 사이트로 제작되었기 때문에 태블릿 PC, 모바일에서도 별도의 앱 설치 없이 사이트에 접속하여 이용할 수 있습니다. 또 한글 폰트를 사용한 디자인이 풍부하고 모든 기능이 무료로 지원되며, 화려한 디자인 템플릿을 다양하게 제공한다는 장점이 있습니다.

4. 미리캔버스로 디자인하기

미리캔버스를 이용해서 교실에 꼭 필요한 학급 시간표를 디자인해 보겠습니다. 미리캔버스도 크롬 브라우저에 최적화돼 있으므로 크롬 브라우저 사용을 권장합니다.

① 미리캔버스 홈페이지(www.miricanvas.com)에 접속한 다음 회원 가입을 진행합니다.

② ▶ '바로 시작하기'를 클릭하여 디자인을 시작합니다. 먼저 마음에 드는 디자인의 템플릿을 고릅니다. 모두 무료이므로 어떤 것을 선택해도 좋습니다. 검색창에 '시간표'를 검색해 한 가지를 선택해 볼게요.

③ ▶ 포스터에 사진도 추가해 봅니다. 검색창에 키워드를 검색하여 나타나는 사진 중 마음에 드는 사진을 클릭합니다. 저는 시간표에 어울리는 시계를 추가해 볼게요.

④ 추가한 사진을 클릭하여 원하는 위치로 이동합니다. 사진의 꼭짓점을 클릭하여 사진의 크기를 변경할 수도 있습니다.

⑤ [사진] 탭에서 변경할 수 있는 효과는 '필터, 조정, 그림자, 그러데이션 마스크'입니다. 필터에선 전체적인 느낌을 조절하고, 조정에선 세부적인 밝기, 대비, 채도, 색조 등을 조절합니다. 그림자에선 사진이 양감을 얻을 수 있도록 그림자를 넣을 수 있습니다. 그러데이션 마스크에선 사진에 그러데이션 효과를 넣을 수 있고, 이 외에도 '정렬, 순서, 반전, 자르기, 투명도' 등의 효과가 있습니다.

⑥ [요소] 탭에서 아이콘이나 도형, 차트 등 다양한 요소를 추가할 수 있습니다. 검색창에 내가 원하는 키워드를 넣고 검색하면 그와 관련된 요소들이 나타납니다. 이 중 '프레임'은 추가한 요소의 모양대로 사진을 넣을 수 있는 기능이 있습니다.

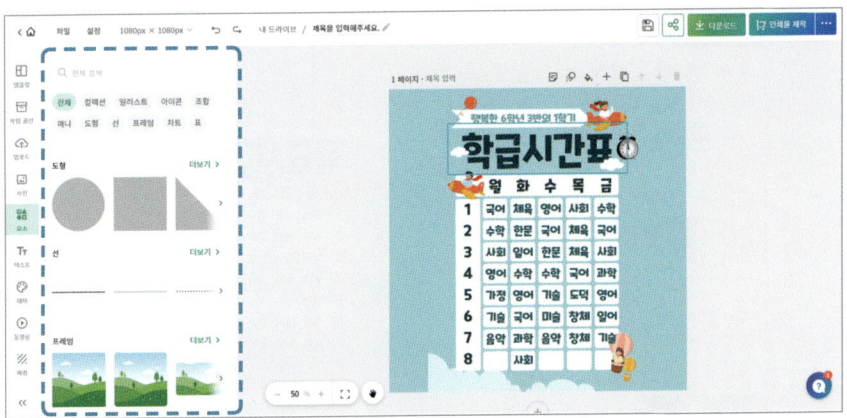

⑦ 텍스트 상자를 더블 클릭하여 글자를 수정할 수 있고, 상자의 크기도 변경할 수 있습니다. 폰트, 크기, 위치, 글자 색 등 텍스트와 관련한 요소를 변경할 수도 있는데요. 우리나라에서 만든 사이트여서 사용할 수 있는 한글 폰트가 다양합니다. 다른 문장을 추가하고 싶다면, [텍스트] 탭을 클릭하여 새롭게 넣고 싶은 문장을 입력하면 됩니다.

⑧ [배경] 탭을 클릭하면 여러 가지 배경이 나타납니다. 그중 원하는 배경을 클릭하여 배경색을 바꿀 수 있습니다. 특히 패턴이 있는 배경을 사용할 때, 분류가 잘 되어 있어 사용하기 편리합니다.

⑨ [업로드] 탭을 눌러 내가 저장한 이미지나 동영상을 추가할 수 있습니다.

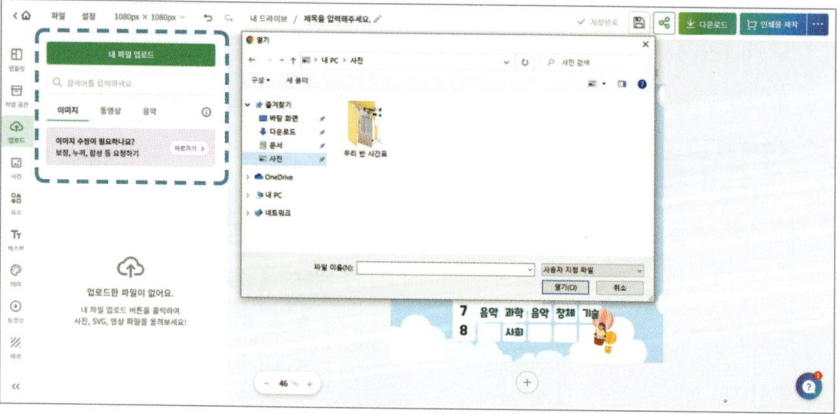

⑩ 포스터를 저장할 때는 먼저 **포스터의 이름**을 정합니다. **다운로드**를 누르면 JPG, PNG, PDF, PPT로 저장할 수 있는데, 사용 목적에 따라 저장하면 됩니다. 특히 PPT 저장 기능은 미리캔버스에만 있는 기능으로, 수업 목적의 자료를 제작할 때 활용도가 매우 높습니다.

> **상상그리다필름의 Tip**
>
> 미리캔버스에서 PPT 파일로 저장하는 방식은 세 가지로, 개별 요소 이미지화, 텍스트 편집 가능, 통 이미지입니다. 텍스트 편집 가능 방식으로 다운로드를 하면 PPT에서 텍스트를 편집할 수 있어서 매우 유용합니다. 다만, 미리캔버스에서 사용했던 폰트가 컴퓨터에도 설치되어 있어야 폰트 깨짐 없이 사용하실 수 있습니다.

영상으로도 지금까지 설명해 드린 과정을 확인해 보세요.

'미리캔버스로 학급 시간표 만들기'가 궁금하시다면?
영상 보러 가기 ▶

어떠셨나요? 디자인에 도전할 용기가 생기셨나요? 두 사이트를 모두 파악해 두셨다가, 사용처에 따라 알맞게 사용하셨으면 좋겠습니다.

02
수업 화면 녹화 프로그램 체험하기 with 오캠, 곰캠, OBS 스튜디오

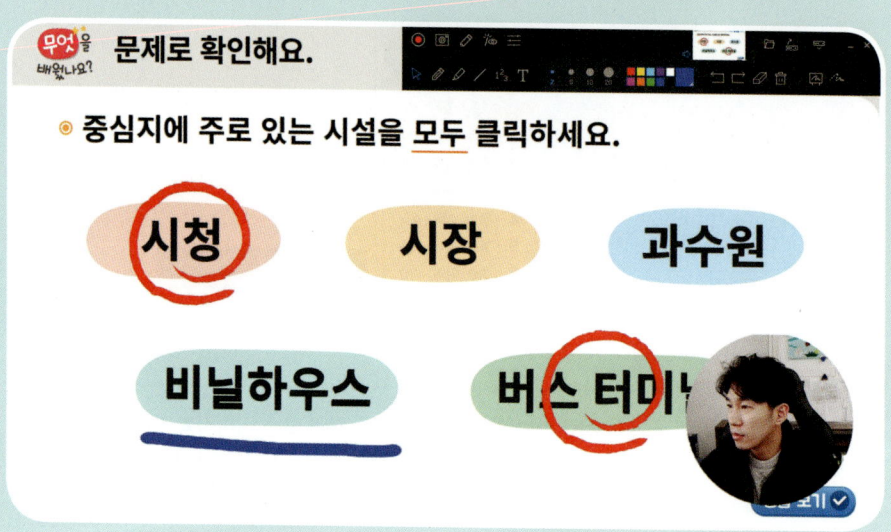

> 최영식 선생님

코로나 19로 인해 온라인 수업이 활성화되면서 화면 녹화 프로그램의 필요성도 높아졌습니다. 학생들과 교과서를 공유하고는 있지만, 동시에 같은 화면을 보면서 수업하는 것이 더 효율적이라 이미 화면 녹화 프로그램을 사용하시는 선생님이 많을 텐데요.

이번 시간에는 여러 가지 화면 녹화 프로그램 중 워터마크 없이 사용할 수 있는 오캠, 곰캠, OBS 스튜디오 프로그램을 소개하려고 합니다. 무료 체험을 통해 각 프로그램의 장단점을 꼼꼼히 살펴보신 후, 선생님들께 가장 잘 맞는 프로그램을 선택해서 사용하시기 바랍니다.

1. 화면 녹화만 심플하게! 오캠

지금부터 오캠을 체험해 보겠습니다.

먼저 오캠 공식 홈페이지(ohsoft.net)에 들어간 다음, 실행 파일을 다운로드해 프로그램을 설치합니다.

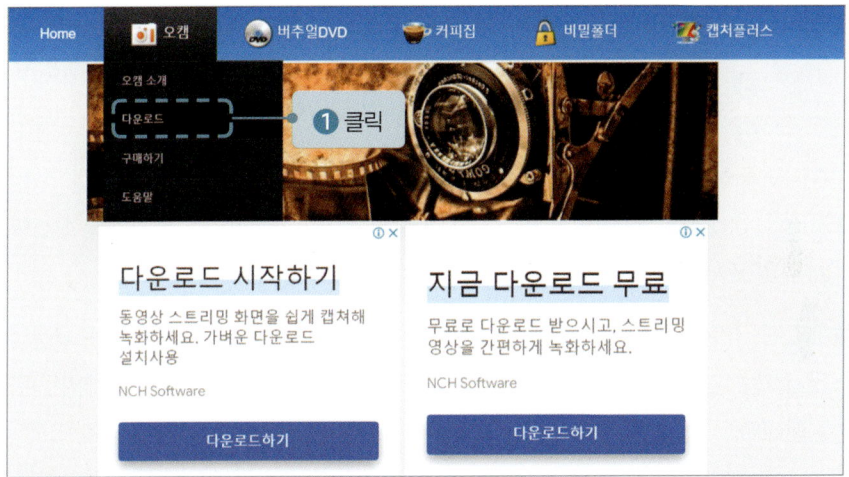

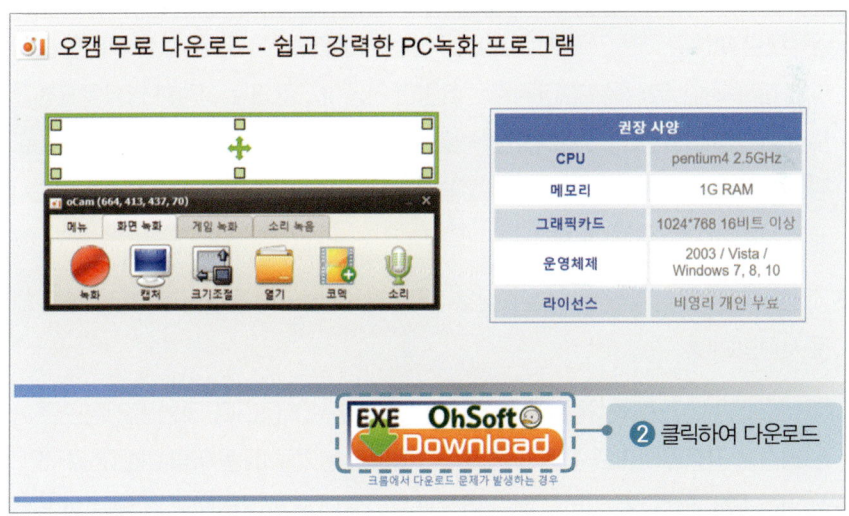

오캠 기능의 90%는 [메뉴-옵션]에 있습니다. 뒷장에서 함께 살펴보겠습니다.

① 녹화

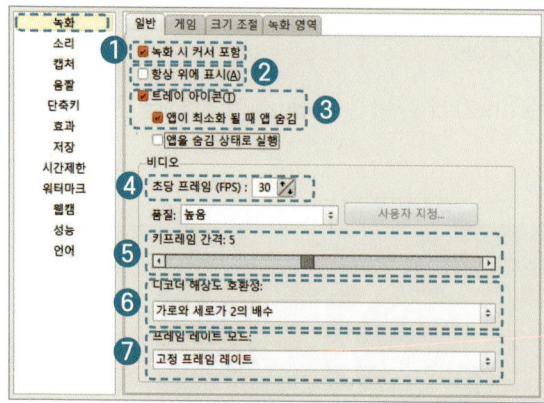

❶ [녹화] 탭에서 '녹화 시 커서 포함'을 체크합니다. 화면을 녹화할 때 마우스의 움직임을 같이 녹화하는 기능입니다.

❷ '항상 위에 표시'는 다른 창이 오캠 실행 창을 가리지 않게 하는 기능인데, 필요하지 않으므로 해지합니다.

❸ '트레이 아이콘'을 선택하고 '앱이 최소화 될 때 앱 숨김'을 체크하면, 오캠을 최소화할 때 작업 표시줄 맨 오른쪽 시계 부분에 최소화됩니다.

❹ '비디오' 부분에서 '초당 프레임'은 1초에 몇 장의 이미지를 저장할지 정하는 부분입니다. TV는 1초당 30프레임, 영화는 24프레임을 사용합니다. 우리는 30프레임으로 설정합니다.

❺ '키프레임 간격'을 1로 설정했을 때와 5로 설정했을 때 녹화된 영상을 확인해 보면 일반적으로 재생할 때는 크게 차이가 나지 않습니다. 다만 마우스로 재생 부분을 드래그하면 1로 설정한 영상은 1초 간격으로 화면이 이동하지만, 5로 설정한 영상은 5초 간격으로 화면이 이동합니다. 만약 화면 녹화 후 영상 편집 프로그램을 사용한다면, 1로 설정해야 중요한 부분을 쉽게 찾을 수 있습니다. 수치가 낮을수록 영상의 용량이 크지만 크게 차이 나지는 않습니다.

❻ '디코더 해상도 호환성'은 배수가 낮을수록 오차의 범위가 줄어들기 때문에 2의 배수로 지정합니다.

❼ '프레임 레이트 모드'는 꼭 고정 프레임으로 설정하셔야 합니다. 가변 프레임으로 녹화한 영상을 곰플레이어와 같은 재생 프로그램으로 열었을 때는 아무 이상이 없지만, 영상 편집 프로그램으로 열었을 때는 영상과 오디오의 오차가 발생할 수 있습니다.

② 캡처

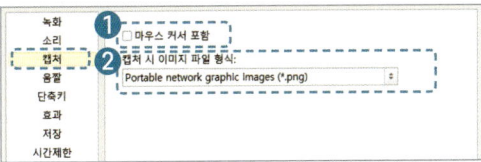

❶ [캡처] 탭에서 마우스 커서를 포함하여 이미지를 저장할 것인지 정할 수 있습니다.

❷ 파일 형식은 PNG가 화질이 가장 좋습니다.

③ 단축키

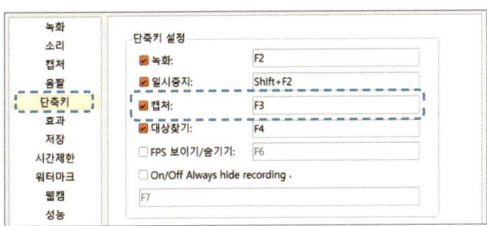

[단축키] 탭은 편의에 따라 사용하시면 되지만, 화면 캡처 키인 'F3'은 외워 두시는 것이 좋습니다. 오캠 실행 창을 최소화하고 화면을 캡처할 때 유용합니다.

④ 효과

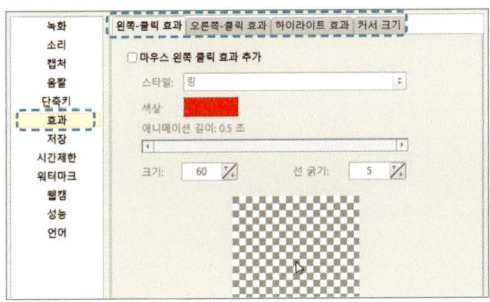

[효과] 탭은 오캠의 장점 중 하나입니다. 마우스에 클릭 효과, 하이라이트 효과를 주거나, 마우스 커서의 크기를 조절할 수 있습니다.

녹화를 할 때는 마우스 커서에 변화가 없지만, 녹화된 영상을 확인해 보면 효과가 적용돼 있습니다.

⑤ 소리

컴퓨터의 소리를 함께 녹화하고 싶으시면 메인 창의 [소리] 탭에서 '시스템 소리 녹음'에 체크합니다.

⑥ 코덱

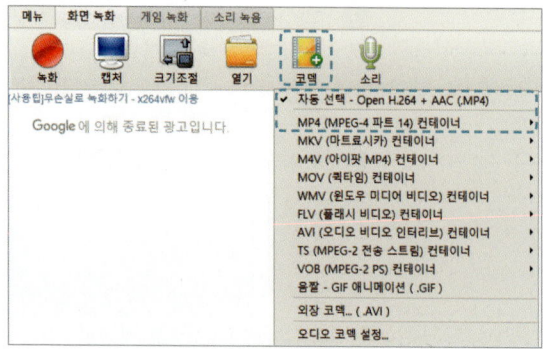

코덱은 MP4에 엔비디아 H264가 제일 좋고, 그래픽 카드에 따라 엔비디아 H264가 없다면 H264를 선택합니다.

> **상상그리다필름의 Tip**
>
> 오캠은 개인이 비영리로 사용할 때만 무료입니다. 기업이나 단체, 공공 기관, 교육 기관에서 프로그램을 사용할 경우에는 유료 결제를 해야 합니다.

정말 쉬운 화면 녹화 프로그램인 오캠! 영상을 통해 더 자세히 알아보세요.

'오캠으로 화면 녹화하기'가 궁금하시다면?
영상 보러 가기 ▶

2. 화면 녹화와 판서까지 한 방에! 곰캠

곰캠은 제가 자주 사용하는 프로그램 중 하나로, 부가 기능이 매우 만족스러운 화면 녹화 프로그램입니다.

먼저 곰캠 공식 홈페이지(www.gomlab.com)에 접속한 다음, 파일을 다운로드해 설치합니다. 로그인 없이 다운로드가 가능하며, 32bit와 64bit 파일 중 본인의 컴퓨터 사양에 맞는 것을 골라 설치하시면 됩니다.

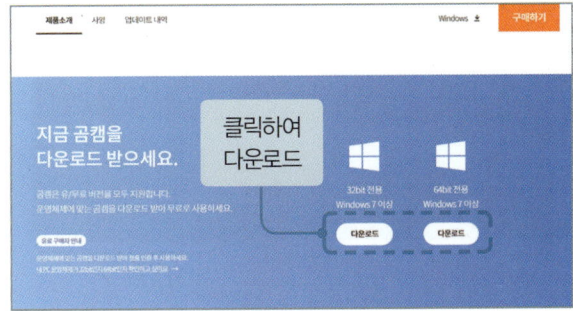

상상그리다필름의 TIP

컴퓨터에서 '내 PC' 아이콘에 커서를 놓고 오른쪽 클릭을 한 다음, 속성에 들어가시면 내 컴퓨터의 운영 bit를 확인할 수 있습니다.

곰캠을 실행하고, 왼쪽 상단에 톱니바퀴를 눌러서 환경 설정으로 들어가 봅니다.

① 일반

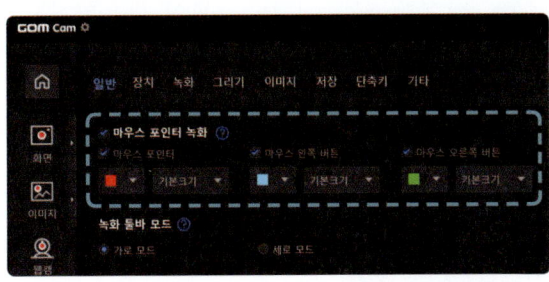

[일반] 탭에는 '마우스 포인터 녹화' 옵션이 있어서 마우스 포인터를 다양한 색상으로 변경할 수 있습니다. 녹화할 때는 색이 보이지 않지만, 녹화 후 영상을 확인해 보면 적용되어 있습니다.

② 장치

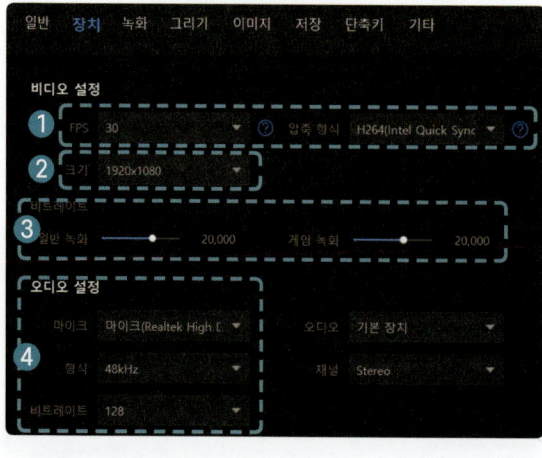

❶ [장치] 탭의 비디오 설정에서 'FPS'는 30프레임, '압축 형식'은 엔비디아 H264로 설정합니다.

❷ '크기'는 내 컴퓨터의 해상도와 맞추면 됩니다. 보통 바탕화면에서 마우스 오른쪽 클릭을 한 다음 해상도를 확인하면 FHD 1,920x1,080으로 되어 있을 것입니다.

❸ '비트레이트'는 1초당 얼마나 많은 정보를 담느냐를 나타내는 수치입니다. 수치가 커질수록 화질이 좋아지고, 용량의 크기가 커집니다. 20,000Kbps로 설정하면 되는데, 10분 정도 녹화한 영상의 용량은 약 1기가입니다. 영상 편집 프로그램 사용 시 편집 후 화질이 떨어지는 것을 방지하려면 고화질로 녹화하는 것을 추천합니다.

❹ 오디오 설정에서 '마이크'를 설정해야 음성과 함께 녹화할 수 있습니다. '형식'과 '비트레이트'를 가장 높게 설정하면 가장 좋은 품질로 녹음할 수 있습니다.

③ 녹화

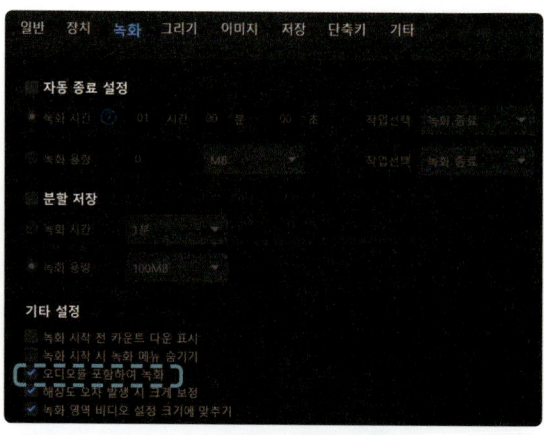

[녹화] 탭에서 기타 설정의 세 번째에 있는 '오디오를 포함하여 녹화'를 꼭 체크해야 컴퓨터에서 나오는 효과음과 소리, 마이크 음성 등이 모두 녹음됩니다.

④ 이미지

[이미지] 탭에서 전체 화면 캡처를 하면 듀얼 모니터의 화면을 한꺼번에 캡처할 수 있습니다. 영역을 지정하여 캡처할 수도 있고, 스크롤 캡처도 가능합니다.

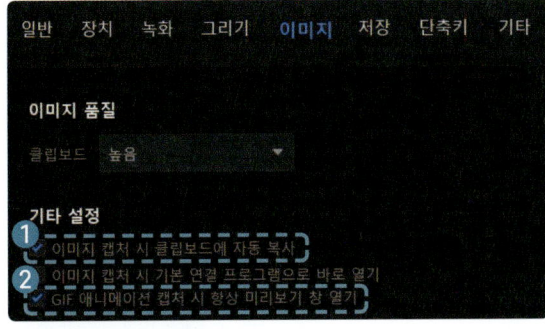

❶ 캡처를 하면 클립보드에 자동 복사가 되어 그림판을 바로 이용해야 할 때 편리합니다.

❷ 확장자가 'GIF'인 애니메이션도 캡처할 수 있습니다.

> **상상그리다필름의 TiP**
>
> 곰캠은 수업 녹화 시 선생님의 모습이 보이는 웹캠 화면을 지원하고, 화면 확대 기능, 글쓰기와 그림 도구 기능 등을 제공하여 수업할 때 매우 유용합니다. 곰캠은 녹화 가능한 시간과 동영상 편집 기능에 따라 베이직, 프로 버전을 구매할 수 있습니다.
> 또 곰캠 공식 홈페이지에서 화면 녹화 프로그램뿐만 아니라 영상 편집 프로그램도 구매할 수 있으므로 한번 둘러보시면 좋겠습니다. 특히 '곰믹스 프로'는 초보자도 쉽게 다룰 수 있는 영상 편집 프로그램으로, 초·중·고 선생님들도 많이 사용하고 있습니다.

여러 가지 유용한 기능을 제공하는 곰캠! 영상을 통해 곰캠의 다양한 기능을 만나 보세요.

'곰캠으로 화면 녹화하기'가 궁금하시다면?
영상 보러 가기 ▶

3. 시간제한 없는 화면 녹화! OBS 스튜디오

OBS 스튜디오는 무료 프로그램이며, 시간제한 없이 사용할 수 있다는 장점이 있습니다. OBS 스튜디오 공식 홈페이지(obsproject.com)에 접속해서 설치하시면 됩니다.

OBS 스튜디오를 실행하면 하단에 아래와 같은 목록이 뜹니다. 여기에선 장면 목록, 소스 목록, 오디오 믹서를 간단히 살펴보고, 자세한 내용은 마지막 영상으로 설명해 드리겠습니다.

① 장면 목록

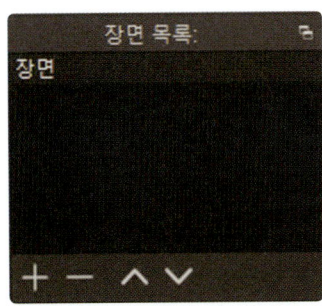

[장면 목록]은 방송 화면에 보여 줄 장면을 목록화해서 보여 주는 창입니다. OBS 스튜디오는 PPT, 그림, 사진, 동영상 파일, 마이크 음성, 컴퓨터 화면, 카메라, 게임 캡쳐, 텍스트 등 거의 모든 장치와 요소를 연결해서 사용할 수 있는데요. 장면을 여러 개 만들어서 장면별로 장치를 다르게 연결할 수도 있습니다.

② 소스 목록

장면을 만들었다면 장면에 따라 [소스 목록]에서 여러 장치를 추가할 수 있습니다.

여기서 소스 목록의 순서가 녹화 창에 보이는 순서라는 점이 중요합니다. 위에 있을수록 화면의 가장 위쪽에 보입니다. 장치를 추가했는데 보이지 않는다면 장치 순서를 드래그하여 확인하시면 됩니다.

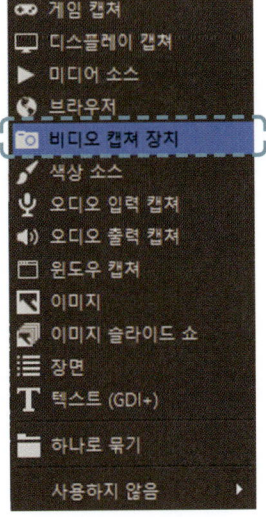

소스 목록의 '+'을 클릭하면 오른쪽에 보이는 것처럼 소스들이 나타납니다.

수업 화면 하단에 선생님의 얼굴이 나오는 화면을 만들려면 소스 목록에서 '비디오 캡쳐 장치'를 선택합니다. 사각형의 꼭짓점에 마우스 커서를 놓고 드래그하여 크기를 조절할 수 있고, 위치도 옮길 수 있습니다.

같은 방법으로 이미지, PPT, 오디오 입력 장치, 텍스트 등도 입력할 수 있습니다.

③ 오디오 믹서

[오디오 믹서]는 데스크톱 음량, 마이크 음량 등을 조절하는 곳입니다.

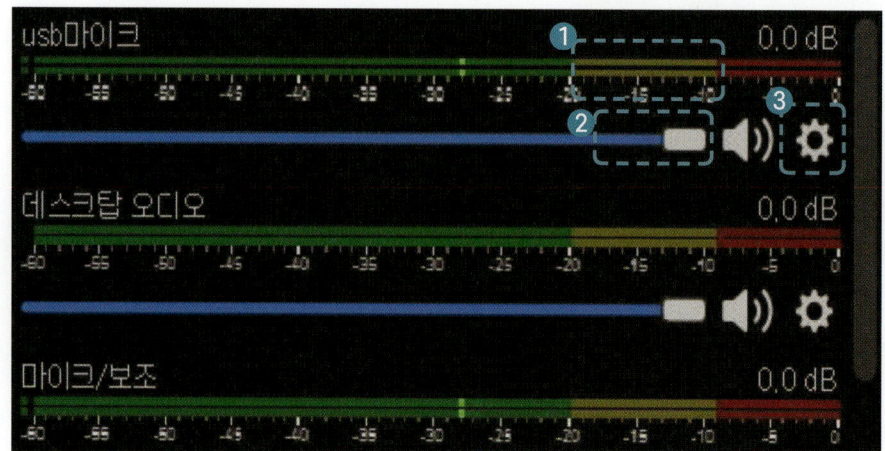

❶ 사람들이 듣기에 가장 편안하고 또렷한 소리는 믹서 부분을 눈으로 볼 때 노란색에 해당하는 정도의 소리입니다.

❷ 아래 핸들 바를 움직여 소리의 크기를 줄일 수 있습니다.

❸ 소리를 더 크게 하고 싶다면 톱니바퀴 모양을 눌러 필터 클릭 → +(더하기) 표시 → 증폭을 선택하여 조절할 수 있습니다.

 녹화를 시작하기 전에 제어 부분의 설정에 들어가서 출력 부분의 녹화 형식을 MP4로 바꾸고, 비디오 부분에서 출력 해상도를 1,920×1,080으로 변경합니다. 마지막으로 녹화된 파일이 저장되는 위치를 지정하고, 녹화 버튼을 눌러 녹화를 시작합니다. 영상을 통해 자세히 확인해 보시죠.

'OBS 스튜디오로 화면 녹화하기'가 궁금하시다면?
영상 보러 가기 ▶

 어떠셨나요? 오늘 소개해 드린 화면 녹화 프로그램을 하나씩 체험해 보시고, 선생님께 잘 맞는 프로그램을 선택하시기 바랍니다.

03
영상에도 쓱쓱, 멋지게 판서하기 with 아이캔노트

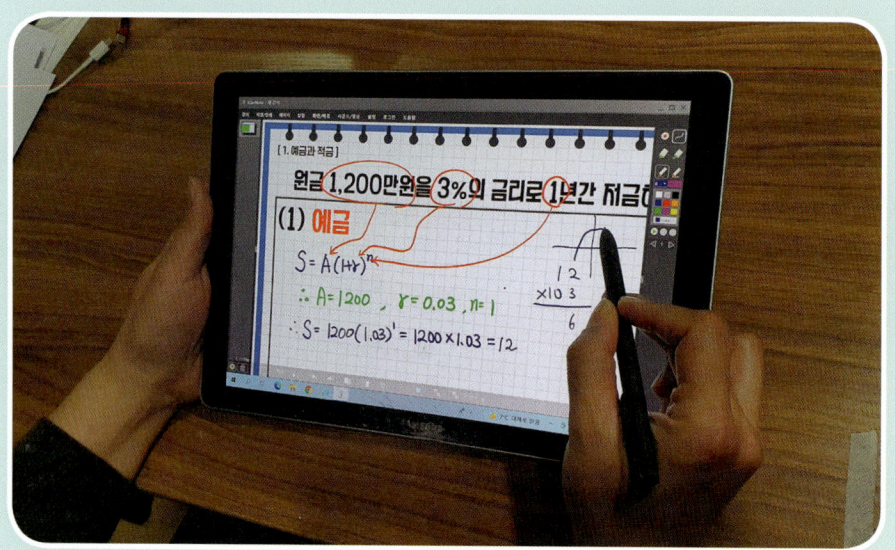

배서진 선생님

원격 수업이 활성화되면서, 이미 많은 선생님들께서 다양한 방법으로 수업 영상을 제작하고 계실 텐데요. 단순히 자료를 보여 주고 교사의 목소리를 녹음한 영상을 만들면서 무언가 부족함을 느끼지는 않으셨나요? 바로 판서의 필요성 말입니다. 아무리 영상에 들어갈 수업 자료를 잘 제작하신다고 하더라도, 선생님의 강의 노하우가 담긴 판서는 수업에 꼭 필요한 부분이라고 생각합니다.

이번 시간에는 다양한 자료를 불러와 영상을 제작할 수 있으면서 멋진 판서까지 녹화할 수 있는 디지털 판서 프로그램, '아이캔노트'를 소개합니다.

1. 아이캔노트의 장점

아이캔노트를 설치하기 전에 먼저 아이캔노트의 장점을 알아봅시다.

① 무료로 사용할 수 있습니다.

② 한글, 한쇼, 파워포인트, PDF, 이미지 파일 등 다양한 자료를 불러올 수 있습니다.

③ 듣기 평가와 음원과 같은 음향 파일들을 불러와 강의 교재를 제작할 수 있습니다.

④ 글씨를 적는 것뿐만 아니라 수학에서의 도형, 그래프 등도 손쉽게 그릴 수 있습니다.

⑤ 수업 자료와 선생님의 목소리, 판서를 동시에 녹화할 수 있습니다. (아이캔노트에서 가장 우수한 부분이라고 생각합니다.)

⑥ 영상의 원하는 위치에 강의하는 선생님의 모습을 작은 화면으로 띄울 수 있습니다.

2. 아이캔노트 설치 방법

① 아이캔노트는 네이버 '아이캔노트 공식 카페'에 올라와 있습니다.
   카페의 왼쪽 메뉴에서 '아이캔노트'를 클릭하고, 가장 최신 버전의 설치 파일이 올라와 있는 게시물을 클릭합니다.

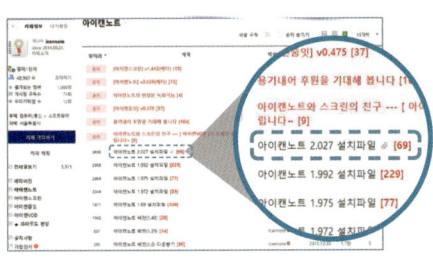

② '첨부파일 모아보기'를 클릭하고, '내PC 저장'을 클릭하여 압축 파일을 다운로드 합니다.

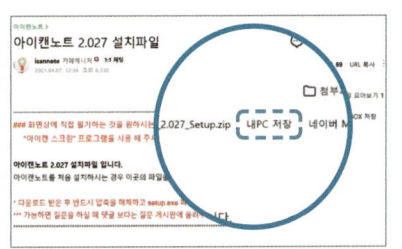

③ 파일의 압축을 해제하고 setup.exe 파일을 실행하여 설치합니다.

설치가 끝나면 바탕 화면에 '아이캔노트 바로 가기' 아이콘이 생깁니다.

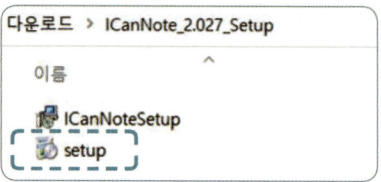

상상그리다필름의 TIP

기존에 아이캔노트를 설치한 적이 있으시다면, 기존 프로그램을 실행한 후 팝업으로 뜨는 업그레이드를 클릭해 주세요. 만약 팝업이 뜨지 않으면 기존 프로그램을 삭제한 다음 최신 버전을 설치하시면 됩니다.

3. 아이캔노트로 강의 파일 만들기

'아이캔노트' 프로그램을 실행하면 다음과 같은 화면이 보입니다.

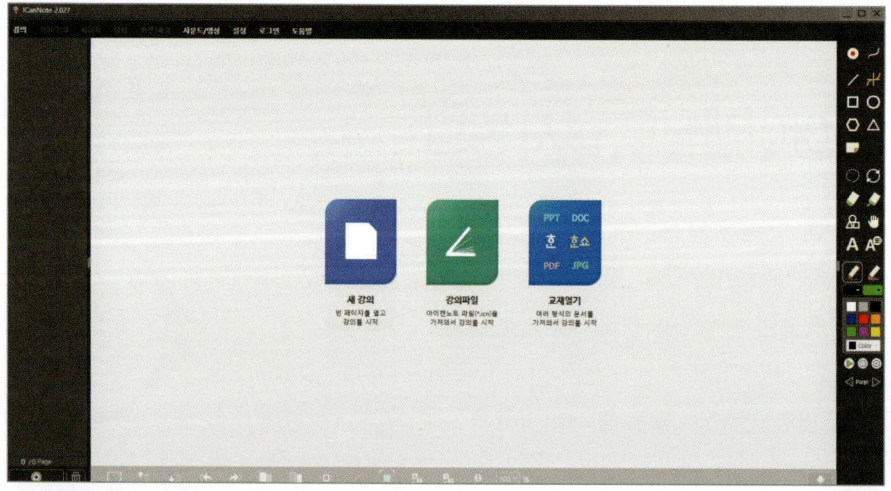

아이캔노트를 실행하자마자 나오는 가운데 팝업 메뉴에서 원하는 메뉴를 선택합니다.

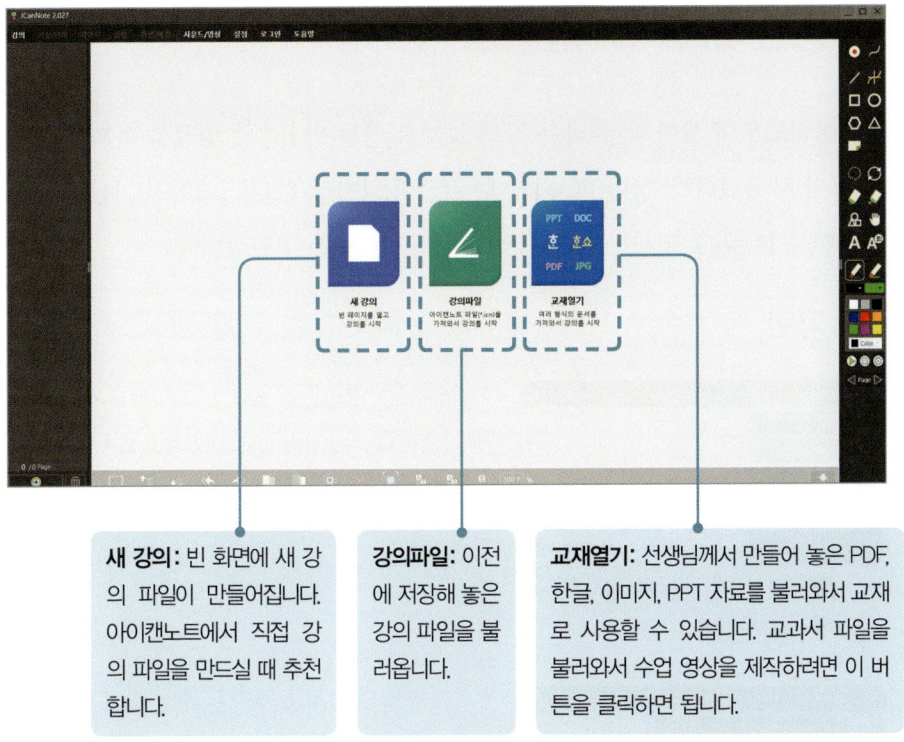

새 강의: 빈 화면에 새 강의 파일이 만들어집니다. 아이캔노트에서 직접 강의 파일을 만드실 때 추천합니다.

강의파일: 이전에 저장해 놓은 강의 파일을 불러옵니다.

교재열기: 선생님께서 만들어 놓은 PDF, 한글, 이미지, PPT 자료를 불러와서 교재로 사용할 수 있습니다. 교과서 파일을 불러와서 수업 영상을 제작하려면 이 버튼을 클릭하면 됩니다.

아이캔노트에서 강의 파일을 불러오는 방법을 영상으로 자세히 알아보세요.

'강의 파일 만들고 불러오기'가 궁금하시다면?
영상 보러 가기 ▶

상상그리다필름의 TIP

아이캔노트에서 새 강의 파일을 만드시는 것보다는, 한쇼, PPT 등에서 기본적인 수업 자료를 만든 후 아이캔노트에 불러와 수업 영상을 제작하시는 것이 더 편리합니다. 교과서를 활용하여 영상을 제작하실 분들이라면 PDF나 한글 파일을 불러오면 됩니다.
교과서 파일이 세로로 길더라도 걱정하지 않으셔도 됩니다. 스크롤 기능이 있어서 위아래로 이동할 수 있습니다.

4. 상단 메뉴 바 활용하기

아이캔노트의 상단 메뉴 바는 강의 교재를 만들거나 수업 영상을 녹화하기 전에 많이 사용됩니다. 상단 메뉴 바에는 [강의], [저장/인쇄], [페이지], [삽입], [화면/배경], [사운드/영상], [설정], [로그인]과 [도움말]이 있습니다.

① 강의

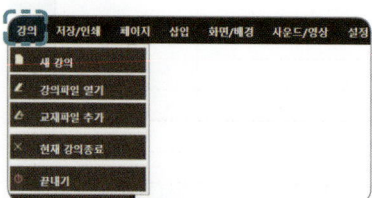

'새 강의', '강의파일 열기', '교재파일 추가', '현재 강의종료', '끝내기' 메뉴가 나옵니다.

② 저장/인쇄

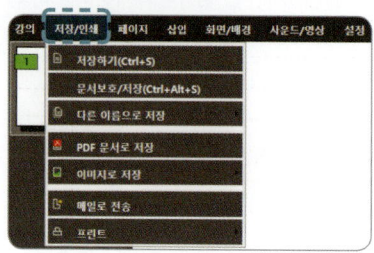

강의 파일의 저장과 관련된 메뉴입니다. 아이캔노트에서 만든 강의 파일은 icn 형식으로 저장됩니다.

또 PDF나 이미지로도 저장할 수 있어 수업용 활동지나 유인물도 만들 수 있습니다.

③ 페이지

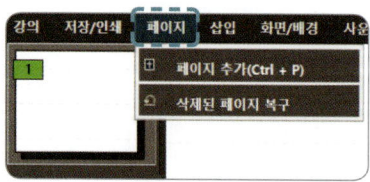

페이지를 추가하거나 삭제된 페이지를 복구할 때 사용합니다. 키보드에서 'Ctrl+Z'를 누르면 삭제된 페이지가 바로 복구되므로 이 메뉴는 잘 사용하지 않습니다.

④ 삽입

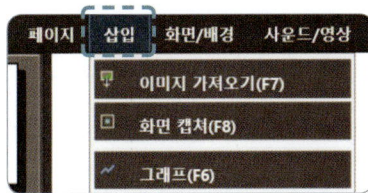

외부의 이미지를 가져오는 '이미지 가져오기'와 현재 교재의 일부분을 복사하여 붙여 넣기 할 수 있는 '화면 캡처', 그래프를 그릴 수 있는 '그래프' 메뉴가 있습니다.

⑤ 화면/배경

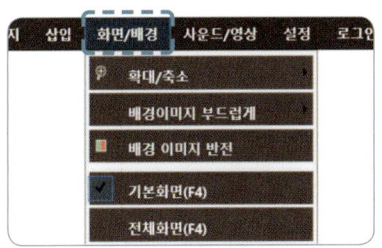

강의 교재를 확대/축소하고 배경 이미지를 조절할 때 사용합니다.

⑥ 사운드/영상

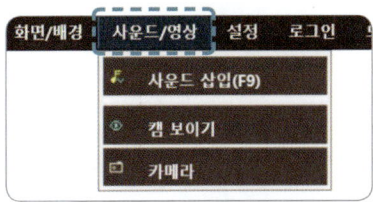

강의 교재에 소리를 삽입하는 '사운드 삽입', 강의하는 모습을 판서 영상과 함께 녹화할 때 사용하는 '캠 보이기'가 있습니다.

'카메라' 기능을 활용하면 컴퓨터 카메라로 사진을 찍어서 교재에 삽입할 수 있습니다.

⑦ 설정

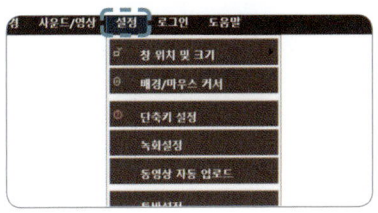

메뉴 중 '단축키 설정'과 '툴바 설정'을 활용하면 판서를 더 빠르게 하실 수 있습니다. 영상을 녹화하기 전에는 '녹화 설정'에서 녹화 영역이나 사운드 장치 등을 확인한 다음 녹화를 시작합니다.

영상을 통해 상단 메뉴 바의 기능을 더 자세히 알아보세요.

'상단 메뉴 바 활용하기'가 궁금하시다면?
영상 보러 가기 ▶

03. 영상에도 쓱쓱, 멋지게 판서하기 with 아이캔노트

5. 툴바 활용하기

아이캔노트 화면의 오른쪽에 있는 툴바는 판서할 때 사용하는 메뉴입니다. 도형과 그래프를 그릴 수 있는 아이콘, 펜의 색상과 두께를 설정하는 아이콘, 녹화를 시작하고 멈추는 버튼 등이 있습니다.

이 툴바를 활용해 그래프를 그리거나 형광펜을 사용해 단어에 밑줄을 긋고, 강의를 하면서 중요한 내용을 화면에 입력할 수도 있습니다.

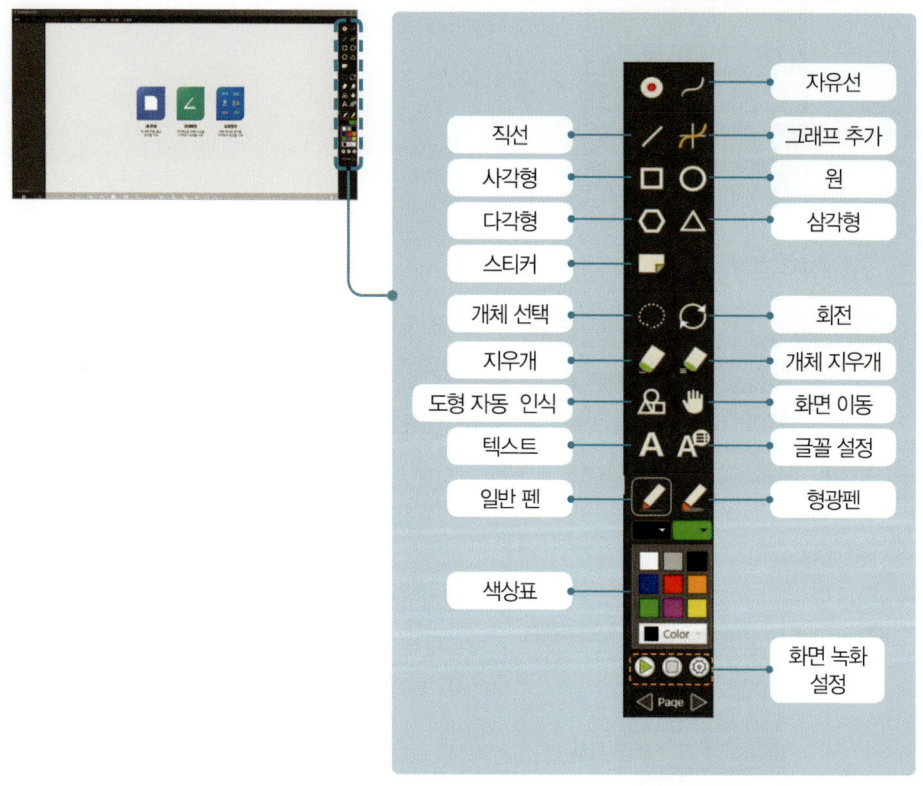

툴바를 활용해 멋지게 판서하는 방법을 영상으로 확인해 보세요.

'툴바 활용하기'가 궁금하시다면?
영상 보러 가기 ▶

프로그램에 능숙해지기 위한 가장 좋은 방법은 실습입니다. 소개해 드린 내용을 바탕으로, 선생님들께서도 아이캔노트를 많이 사용해 보시기 바랍니다.

04

과목별, **찰떡** 수업 영상 녹화하기 with 아이캔노트

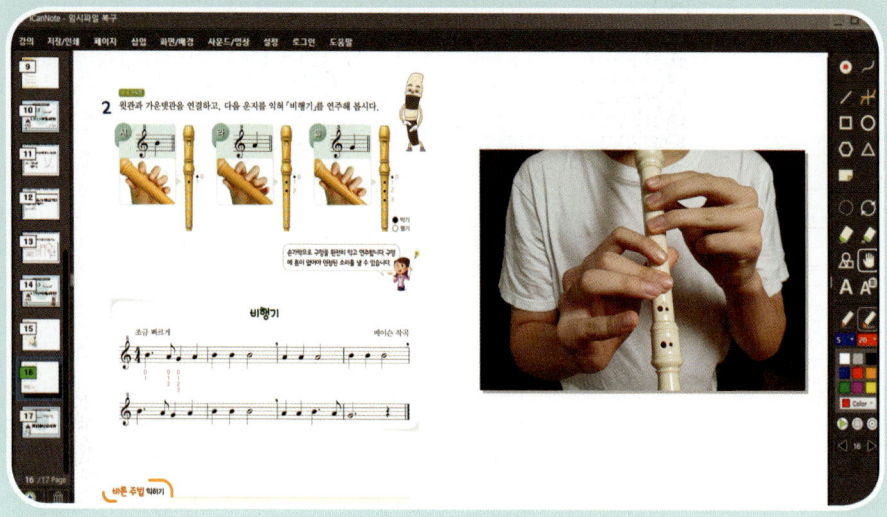

> 배서진 선생님

　같은 프로그램을 사용하여 수업 영상을 제작하더라도, 과목별로 필요한 자료나 판서의 내용이 다릅니다. 국어와 영어는 지문이 긴 교과서를 활용해야 하고, 수학은 그래프를 그리거나 풀이 과정을 설명해야 하는 일이 많지요. 영어와 제2외국어는 실제로 외국인의 발음을 듣고 따라 하는 수업이 필요하고, 음악은 노래를 감상하거나 악기를 연주하는 수업이 많습니다. 이렇게 과목별로 수업의 형태가 다르므로, 수업 영상을 녹화할 때도 과목별 특성을 반영하는 것이 효과적인데요.

　이번 시간에는 아이캔노트로 영상을 녹화하는 방법을 소개한 다음, 과목별 특성을 반영한 수업 영상을 만드는 방법을 알려 드리겠습니다.

1. 수업 영상 녹화 방법

① 강의 파일 열기

아이캔노트를 실행한 다음, 원하는 강의 파일(미리 만들어 둔 강의 파일)을 불러옵니다.

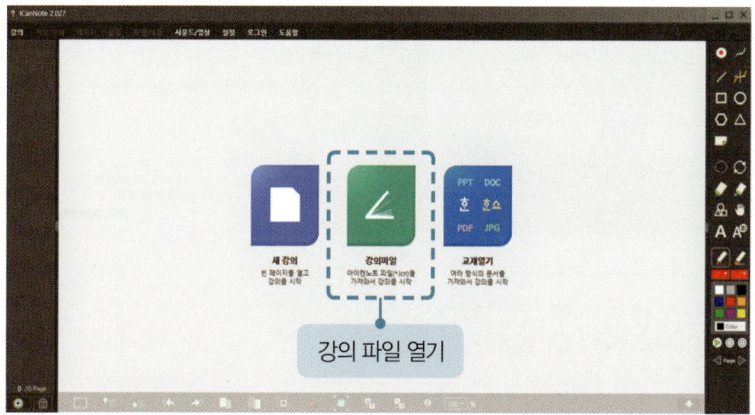

> **상상그리다필름의 Tip**
> - 아이캔노트에서 강의 파일을 만드는 것보다 PPT나 한쇼에서 수업 자료를 만든 다음 [교재열기]를 통해 그 자료를 불러오는 것이 더 편리합니다.
> - 교과서를 그대로 사용하고 싶다면 교과서 PDF나 한글 파일을 불러오면 됩니다.

② 녹화 설정하기

상단 메뉴 바의 [설정]에서 [녹화설정]을 클릭하거나 오른쪽 툴바에서 바퀴 모양 아이콘을 클릭하여 녹화 설정을 할 수 있습니다.

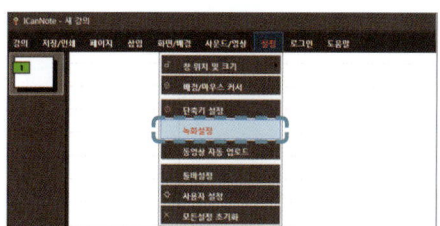 

녹화 설정은 [녹화영역], [사운드 장치 설정], [저장 경로] 그리고 [녹화옵션]으로 구성되어 있습니다.

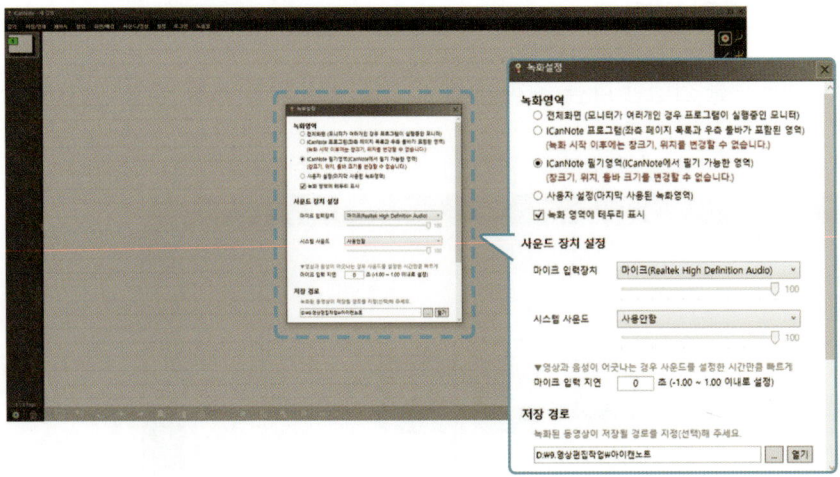

[녹화영역]

수업 영상을 녹화할 때 어느 부분까지 녹화할 것인지 결정하는 부분입니다.

❶ '전체 화면'을 선택하면 하단 윈도 바를 포함하여 현재 모니터에 보이는 부분 전체를 녹화합니다. 듀얼 모니터는 아이캔노트를 실행 중인 모니터(연두색으로 표시되는 부분)만 녹화합니다.

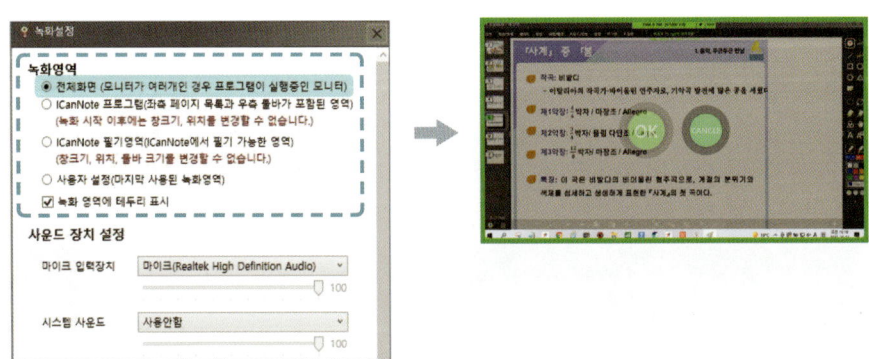

❷ 'ICanNote 프로그램'을 선택하면 좌측 페이지 목록과 우측 툴바를 포함하여 프로그램에 있는 도구들까지 전부 녹화합니다.

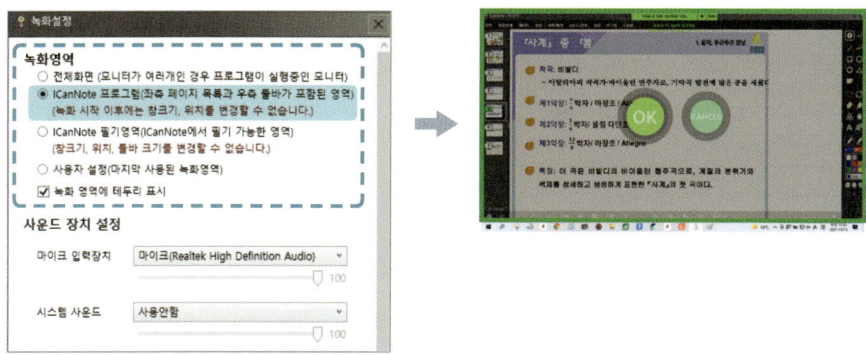

❸ 'ICanNote 필기영역'은 수업 영상을 녹화할 때 가장 많이 사용하는 녹화 영역입니다. 좌측 페이지 목록과 우측 툴바를 제외한 가운데 필기 영역만 녹화하므로, 수업 영상에 판서 도구 없이 깔끔한 화면이 나오길 원한다면 이 항목을 선택하시면 됩니다.

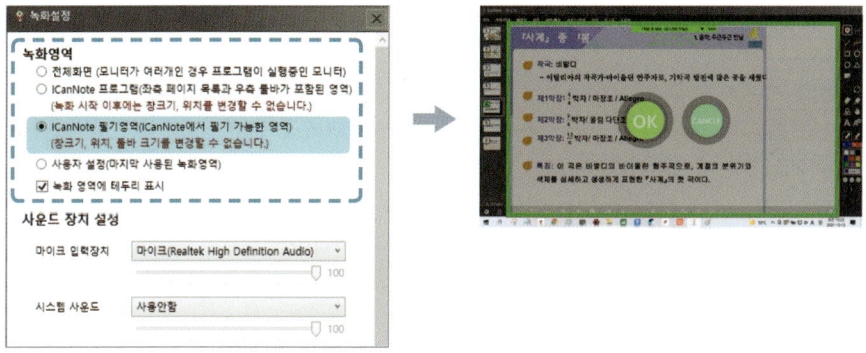

❹ 그 밖에 '사용자 설정'을 선택하면 마지막으로 사용한 녹화 영역을 그대로 사용하고, '녹화 영역에 테두리 표시'를 선택하면 녹화 시작 시 선택한 녹화 영역을 바탕으로 테두리가 표시됩니다.

[사운드 장치 설정]

수업 영상을 녹화할 때 마이크와 컴퓨터 시스템 소리를 설정하는 부분입니다.

❶ 영상에 선생님의 목소리를 넣으려면 '마이크 입력 장치'에서 마이크 설정을 해야 합니다. 노트북을 사용한다면 노트북의 내장 마이크를 선택할 수도 있고, 외장 마이크를 컴퓨터에 미리 연결한 다음 마이크 입력 장치에 뜨는 외장 마이크를 선택할 수도 있습니다. 또 마이크 소리 크기도 설정할 수 있는데요. 수업 영상은 소리 크기를 100으로 설정하시는 것을 권장합니다.

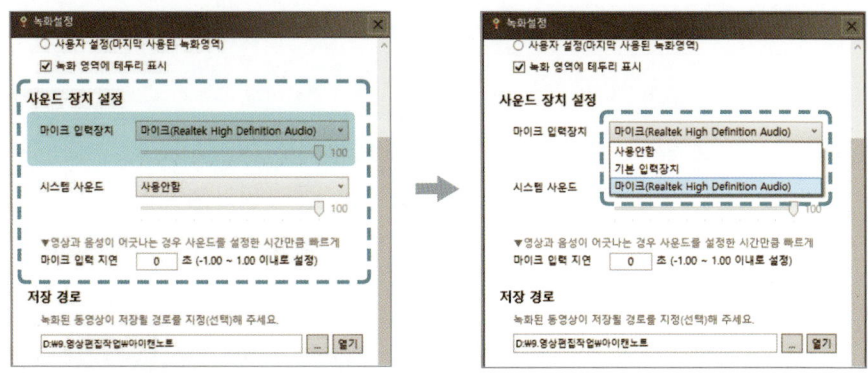

상상그리다필름의 TIP

마이크 소리는 컴퓨터와 마이크의 성능에 따라 다르게 출력될 수 있어요. 따라서 수업 영상을 녹화하기 전에 꼭 2~3분짜리 샘플 영상을 녹화해 보셨으면 합니다.

마이크 중에는 핀 마이크가 가장 소리가 선명하게 잘 나옵니다. 단, 소리를 키우려고 마이크를 입에 너무 가까이 대면 콧소리가 날 수도 있으므로 옷깃에 마이크를 부착하시는 것이 가장 좋습니다.

❷ '시스템 사운드'는 컴퓨터에서 나오는 소리를 녹음하는 것입니다. 선생님의 목소리만으로 강의 영상을 제작하실 때는 '사용안함'을 선택하시면 됩니다. 음악이나 외국어 발음 파일 등 각종 음원과 동영상 파일을 사용하여 강의 영상을 제작하실 때는 반드시 출력 장치를 설정해야 합니다.

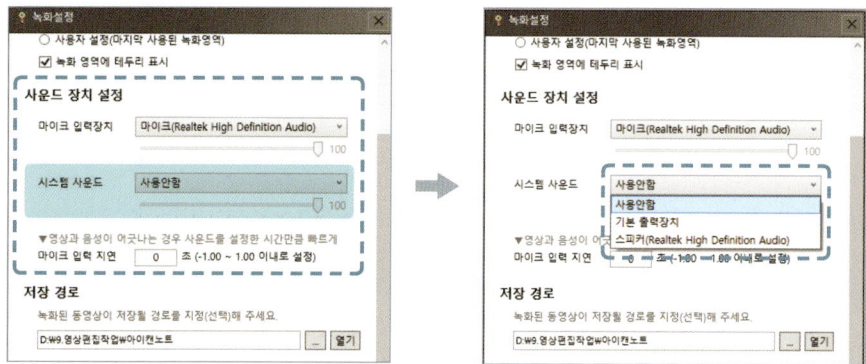

상상그리다필름의 TiP

컴퓨터마다 기본 사운드 장치가 다르므로 녹음되는 마이크 소리나 시스템 소리의 음량이 다를 수 있습니다. 따라서 강의 영상을 녹화하기 전에 꼭 테스트해 보면서 장치를 알맞게 설정하고 소리 크기를 적절하게 조정해 주어야 합니다. 컴퓨터의 기본 사운드 장치는 하단 윈도 바의 오른쪽 알림 영역 아이콘 중 스피커 아이콘을 클릭하거나, [제어판]-[하드웨어 및 소리]-[소리]에서 확인하실 수 있습니다.

❸ '마이크 입력 지연'은 녹화된 영상과 음성에 아무 이상이 없다면 건드리지 않는 것이 좋습니다. 이 부분은 영상과 음성이 일치하지 않거나 버벅이는 현상이 나타났을 때 사용합니다. 먼저 테스트 영상을 녹화해 보시고, 영상과 음성이 어긋나는 경우에 숫자를 조금씩 조정하면서 싱크가 맞는 지점을 찾으시면 됩니다.

[저장 경로]

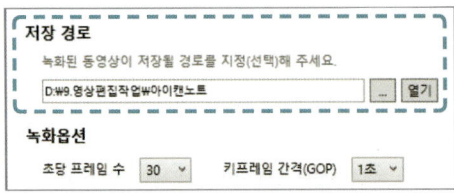

녹화한 영상을 저장할 폴더를 지정하거나 확인할 수 있습니다.

영상을 녹화하기 전에 저장 경로를 지정해 두면 나중에 녹화된 영상을 쉽게 찾을 수 있습니다.

[녹화옵션]

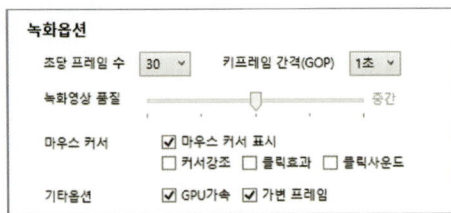

필요한 경우 녹화 영상의 품질이나 마우스 커서 표시 여부를 설정할 수 있습니다.

> **상상그리다필름의 Tip**
>
> 수업을 녹화하기 전에 꼭 테스트 녹화를 진행하세요!
> 수업 영상은 바탕 화면에 폴더를 하나 만들어서 따로 보관해 두면 찾기 편합니다. 폴더를 만드는 일이 번거로우시면 [바탕화면]으로 저장 경로를 설정해 놓으면 완성 영상을 찾기 쉽습니다.

③ 테스트 영상 녹화하기

본격적으로 수업 영상을 녹화하기 전에 테스트 영상을 짧게 녹화해 봅니다. 녹화 시간은 1분 내외 정도면 충분합니다.

테스트 영상 녹화를 통해 아래 사항을 미리 확인하실 수 있습니다.

첫째, 마이크와 시스템 소리를 확인합니다.

마이크 소리가 너무 작거나 크진 않은지 확인합니다. 마이크 위치에 따라 소리가 울려서 발음이 제대로 전달되지 않는 경우가 있습니다. 마이크 위치를 옮기면서 소리가 잘 전달되는지 테스트해 보는 것이 좋습니다.

PC에 저장된 음향 파일을 사용하는 경우 반드시 테스트 영상을 통해서 소리가 제대로 실행되는지, 음량은 적당한지 확인해야 합니다.

둘째, 화면 설정을 확인합니다.

설정한 녹화 영역에 맞게 화면이 잘 녹화되었는지 확인하고, 교과서나 수업 자료의 글씨 크기가 너무 작거나 크진 않은지 확인합니다.

셋째, 판서의 위치와 크기를 확인합니다.

판서를 할 수 있는 공간이 제대로 확보되어 있는지 확인합니다. 수학 과목의 경우 풀이 과정을 적을 공간을 확인하고, 판서의 크기가 적당한지 확인합니다.

넷째, 펜의 색상과 굵기를 확인합니다.

판서할 때 사용할 일반 펜과 형광펜의 색상과 굵기를 미리 선택해 놓으면 편리합니다. 태블릿 펜을 사용하여 판서를 하면 펜의 감도에 따라 글씨 굵기가 마우스로 판서할 때와 다르게 나옵니다. 따라서 펜의 굵기를 여러 개 테스트해 보면서 가장 적당한 크기를 정하셔야 합니다. 또 펜에 가하는 압력에 따라 글씨의 두께가 달라지기도 하므로, 많은 연습이 필요합니다.

④ 녹화 시작하기

녹화 설정을 다시 한 번 확인한 다음, 화면 오른쪽 툴바의 초록색 삼각형(▶)을 눌러 녹화를 시작합니다. 보통 영상의 맨 처음 소리는 작게 녹음되는 경향이 있어, 바로 녹화를 시작하는 것보다 박수 소리나 "시작~!"과 같은 소리를 추가한 다음 시작하는 것이 좋습니다. 이러한 소리를 넣으면 영상이 시작하는 위치를 확실히 알 수 있어 나중에 영상 편집을 할 때도 편리합니다.

> **상상그리다필름의 TIP**
>
> 녹화 도중 실수를 한 경우에는 처음부터 다시 녹화하기보다 해당 시간을 기록한 다음, 이어서 녹화하는 것이 좋습니다. 그러면 영상 편집할 때 실수한 부분을 쉽게 잘라 낼 수 있습니다.

⑤ 녹화한 영상 확인하기

녹화가 끝난 뒤에는 꼭 영상을 처음부터 끝까지 확인해 봅니다. 이때 종이에 편집할 부분의 시간을 적어 놓으면 편집 시간을 줄일 수 있습니다. 영상에서 중요한 부분은 편집 시 자막을 활용하면 좋습니다.

> **상상그리다필름의 TIP**
>
> - 편집할 부분의 시간을 미리 적어 두세요!
>   실수해서 삭제해야 하는 부분, 소리가 너무 작은 부분, 소리의 크기를 키워 강조해야 하는 부분 등 편집할 곳의 시간을 적어 두면 편집 시간을 많이 줄일 수 있습니다.
> - 중요한 부분은 자막을 활용하세요!
>   학생들에게 강조하고 싶은 부분에 자막을 넣으면 시각적으로 한 번 더 집중시킬 수 있습니다.

⑥ 영상 편집 및 업로드하기

편집 시간을 기록해 둔 종이를 보며 영상을 편집합니다. 실수한 부분의 영상을 자르고, 볼륨 크기를 조정하고, 자막을 넣습니다. 최종적으로 완성된 영상을 스마트클래스나 학급 유튜브 채널에 업로드합니다.

2. 과목별 특성을 반영한 수업 영상 녹화하기

지금부터는 과목별 특성을 반영한 수업 영상을 함께 만들어 보겠습니다. 과목별로 필요한 부분과 효율적인 방법이 다르므로 아래 내용을 잘 살펴보시기 바랍니다.

① [국어, 영어] 교과서 지문 활용하기

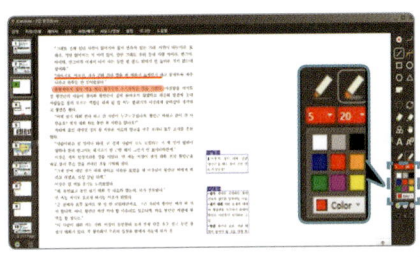

국어와 영어는 교과서의 긴 지문을 활용하여 수업하는 대표적인 과목입니다.

교과서 지문을 일일이 타이핑해서 강의 교재를 만드는 것보다 교과서 파일 자체를 아이캔노트에 불러와서 설명하는 것이 선생님들의 부담이 덜할 것입니다.

출판사에서 제공하는 교과서 PDF나 한글 파일을 불러온 다음, 오른쪽에 있는 툴바의 도구를 활용해 판서를 하는 수업 영상을 녹화하면 좋습니다.

② [영어, 제2외국어] 외국인 목소리 넣기

▲ 출처: 중학 영어 1(김진완) 비상 교과서

외국인의 발음이나 목소리가 필요한 과목의 수업 영상을 제작할 때는 [사운드/영상]-[사운드 삽입] 메뉴를 이용하여 사운드 버튼을 만들면 좋습니다. 사운드 버튼에 원하는 음원 파일을 연결하면 따로 파일을 열지 않고도 편하게 외국인의 목소리를 넣은 영상을 제작할 수 있습니다.

교재에 음악 파일을 연결하여 음악 과목의 수업 영상을 녹화할 수도 있겠죠?

③ [수학, 경제] 그래프, 수식 넣기

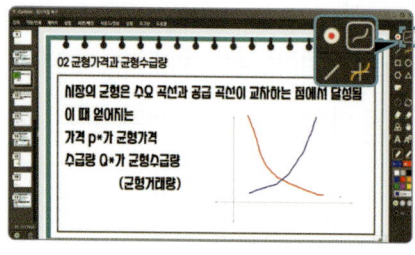

이번에는 그래프와 수식을 많이 사용하는 수학과 경제 과목의 수업 영상을 제작해 보겠습니다. 아이캔노트에서는 그래프 메뉴를 이용하여 다양한 그래프를 그릴 수 있습니다. 수학 과목의 경우 수식을 단순히 타이핑하기보다 자유선 메뉴를 이용하여 칠판에 판서를 하듯이 풀이 과정을 적으면서 설명하면 아이들이 이해하기도 쉽습니다.

④ [음악, 미술, 체육] 선생님이 보이는 화면 넣기

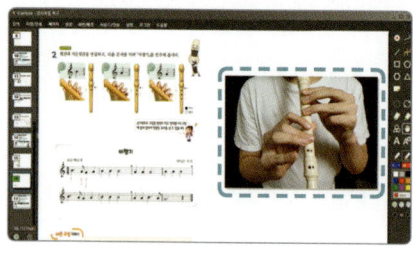

▲ 출처: 초등 음악 3(조순이) 비상 교과서

더 친밀한 수업 영상을 만들고 싶으시다면 영상에 선생님의 모습을 함께 녹화하는 것을 추천합니다. [캠 보이기]와 [카메라] 메뉴를 통해 캠을 활용하는 방법입니다.

캠을 활용하면 음악 과목에서 리코더와 같은 악기 사용법을 배울 때 리코더의 운지법을 학생들에게 직접 보여 줄 수 있습니다. 미술이나 체육과 같이 활동이 많은 수업에서도 선생님이 먼저 시범을 보여 줄 수 있겠지요. 마치 실시간 수업과 같은 효과를 줄 수 있어서 좋습니다.

영상을 통해 과목별 특성을 반영한 수업 영상을 녹화하는 방법을 자세히 알려 드리겠습니다.

'과목별 특성을 반영한 수업 영상 녹화하기'가 궁금하시다면?
영상 보러 가기 ▶

지금까지 '아이캔노트'를 활용해 수업 영상을 녹화하는 방법을 알아보았습니다. 녹화 순서를 간단하게 정리하면 다음과 같습니다.

> 강의 교재 제작(강의 교재 불러온 후 수정 작업) ➡ 녹화 설정하기
> ➡ 테스트 영상 녹화하기 ➡ 수업 영상 녹화하기
> ➡ 녹화한 영상 확인하기 ➡ 편집하기 ➡ 업로드하기

선생님들을 위한 다양한 판서·녹화 프로그램들이 있지만, 그중에서도 '아이캔노트'는 하나의 프로그램 안에 판서와 녹화를 결합해 놓은 편리한 프로그램입니다.

지금까지 소개해 드린 내용이 아이캔노트로 수업 영상을 제작하는 데 많은 도움이 되시길 바랍니다.

05
스톱 모션으로
재미있는 수업 만들기

> 김민지 선생님

이번 시간에는 선생님들께서 수업 시간에 유용하게 활용할 수 있는 스톱 모션을 소개해 드리려고 합니다.

스톱 모션은 다른 영상들처럼 대상이 움직이는 모습을 동영상으로 촬영하는 것이 아니라, 사물의 움직임을 사진으로 촬영하고 이를 이어 붙이는 방법으로 만들어지는데요. 누구나 쉽게 만들 수 있고, 촬영 대상과 표현에 제한이 없어서 우리 학생들도 부담없이 제작에 참여할 수 있습니다.

그럼 지금부터 스톱 모션의 뜻과 종류, 스톱 모션 촬영 방법, 스톱 모션 만들기 앱, 다양한 과목에서 활용하는 방법까지 폭넓게 알려 드릴게요!

1. 스톱 모션의 뜻과 종류

영화가 만들어지기 전, 영사기를 발명한 사람은 누구일까요?

바로 에디슨입니다. 에디슨은 '키네토스코프'라는 영사기를 발명하여 사람들이 영상을 볼 수 있는 시대를 열었습니다. 키네토스코프는 한 줄의 필름이 렌즈와 전구 사이를 빠르게 지나가게 하여 영상이 움직이는 듯한 환영을 만드는 장치였습니다. 간단히 말하면 사진들을 연속적으로 보여 주어, 필름에 그려진 사람이나 사물이 진짜 움직이는 것처럼 보이게 하는 원리였지요.

사진과 사진을 연결하여 보여 주는 키네토스코프와 동일한 원리를 이용한 영상 촬영 기법을 '스톱 모션'이라고 합니다. 스톱 모션은 잔상 효과를 이용한 것으로, 물체의 위치를 조금씩 바꾸어 촬영하면서 물체가 진짜 움직이는 것처럼 보이게 하는 기법입니다.

선생님들이 알고 계신 스톱 모션에는 어떤 것들이 있나요?

3D 애니메이션이 나오기 전에 우리의 어린 시절을 함께해 주었던 클레이 애니메이션도 스톱 모션입니다. 이것을 클레이메이션(claymation)이라고 하지요.

클레이메이션은 찰흙이나 지점토로 캐릭터를 만들고, 캐릭터의 움직임을 조금씩 바꾸면서 촬영하는 형식의 애니메이션을 말합니다. 대표적인 클레이메이션으로는 '핑구', '패트와 매트', '치킨 런' 등이 있는데요. 캐릭터의 다양한 표정과 자연스러운 동작을 구사하려면 굉장한 양의 수작업이 필요하답니다.

▲ 패트와 매트

클레이메이션 외에도 스톱 모션에는 오브젝트 모션(Object Motion), 컷아웃 모션(Cut-out Motion), 픽실레이션(Pixilation)이 있습니다.

오브젝트 모션은 오브젝트(사물)의 위치나 모양을 조금씩 바꾸어 촬영하는 스톱 모션 기법입니다.

컷아웃 모션은 종이 위에 그림을 그리고 잘라서 이를 조금씩 움직이며 촬영하는 스톱 모션 기법입니다. 가장 손쉽게 멋진 스톱 모션 영상을 촬영할 수 있습니다.

픽실레이션은 실제 사람의 움직임을 애니메이션에 담아내는 스톱 모션 기법입니다. 벽을 통과하거나 하늘을 날아다니는 등 현실에서 불가능한 동작을 복잡한 CG 없이 표현할 수 있습니다.

2. 스톱 모션을 촬영할 때 꼭 알아야 할 것

누구나 쉽게 제작할 수 있는 스톱 모션에 대해 자세히 알아보겠습니다. 먼저 스톱 모션 촬영을 할 때 꼭 알아야 할 네 가지 원칙을 안내합니다.

① 카메라 고정하기

▲ 테이프로 스마트폰 고정하기

먼저, 카메라가 흔들리지 않도록 해야 합니다. 카메라가 흔들리면 피사체의 각도나 위치도 계속해서 변하므로, 의도와 다른 움직임이 만들어질 수 있습니다.

만약 스마트폰으로 촬영한다면 삼각대나 스마트폰 거치대를 준비하여 카메라가 흔들리지 않도록 해야 합니다. 또 촬영 중에 자신도 모르게 삼각대나 거치대를 건드리지 않도록 주의해야 합니다. 교실에서 학생들과 장비 없이 촬영한다면, 테이프나 고무줄로 스마트폰을 단단히 고정하고 촬영하면 흔들림을 최소화할 수 있습니다.

카메라를 잘 고정했어도 촬영 버튼을 누르는 과정에서 카메라의 위치가 바뀔 수도 있는데요. 이를 방지하려면 촬영 버튼이 내장된 셀카봉을 활용하거나, 무선 리모컨을 이용해 촬영하는 방법이 있습니다. 셀카봉이나 무선 리모컨이 없다면 블루투스나 와이파이로 카메라와 스마트폰을 연결한 다음, 스마트폰 촬영 버튼을 눌러 촬영할 수 있습니다. 갤럭시 스마트폰으로 촬영하는 경우에는 스마트폰에 유선 이어폰을 연결하고 이어폰의 음량 버튼을 눌러 촬영할 수도 있습니다.

> **상상그리다필름의 Tip**
> 촬영 중간에 스마트폰의 화면 자동 꺼짐 기능이 작동하지 않도록 미리 설정해 두는 것도 잊지 마세요!

② 자연광을 차단하고 인공 조명 사용하기

자연광은 태양이나 구름의 위치, 시간의 흐름에 따라 변하는 특성이 있습니다. 일정한 밝기의 영상을 찍으려면 촬영하기 전에 자연광을 100% 차단해야 합니다.

교실에서는 블라인드를 쳐 자연광을 차단하고, 형광등 아래에서 그림자가 생기지 않도록 유의하며 촬영해야 합니다.

만약 인공 조명이 있다면 조명을 고정하여 사용하는 것도 좋은 방법입니다. 컬러 조명을 사용하면 피사체의 입체감을 더 풍부하게 살려 줄 수 있습니다. 또 조명의 설정값을 고정해 두고, 중간에 바뀌지 않도록 해야 자연스러운 영상을 얻을 수 있습니다.

▲ 인공 조명 사용

③ 촬영 설정값 매뉴얼화

사진마다 밝기와 색감이 다르다면 그것만큼 부자연스러운 게 없지요. 아무리 후보정 작업을 한다고 해도, 각 사진의 밝기와 색감이 100% 일관성을 유지하기에는 한계가 있습니다. 따라서 촬영하기 전에 조리개, 셔터 스피드, 감도(ISO)의 설정값을 매뉴얼화하고 촬영 도중에 바꾸지 않아야 합니다.

❶ 조리개값 F5 이상

스톱 모션을 촬영할 때는 불필요한 아웃 포커싱이 일어나지 않도록 조리개값을 F5 이상으로 조여 줍니다. F5.6, F8, F11, F16, F22로 갈수록 배경을 포함한 모든 부분에 초점이 잘 맞지만, 빛이 조금 들어와 사진이 어둡게 나오므로 적절한 값을 잘 찾아야 합니다.

> **상상그리다필름의 Tip**
>
>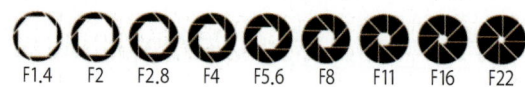
> F1.4 F2 F2.8 F4 F5.6 F8 F11 F16 F22
>
> 조리개란 카메라에서 렌즈를 통과하는 빛의 양을 조절하는 장치입니다. 조리개의 크기는 'F값'이라는 수치로 표현하는데, F값이 작을수록 조리개의 크기는 커집니다. F값이 작을수록(조리개의 크기가 클수록) 아웃 포커싱 효과를 더 잘 낼 수 있으며, 더 많은 빛이 들어오므로 밝은 사진을 찍을 수 있습니다.

❷ 셔터 스피드값 고정

셔터 스피드는 카메라 셔터 막이 열리고 닫히는 속도입니다. 셔터 스피드의 단위는 '초(second)'로 표현하고, 분모의 크기가 클수록 셔터 스피드가 빠릅니다.

스톱 모션처럼 움직이지 않는 대상의 위치를 바꾸어가며 촬영할 때는 셔터 스피드값을 1/50, 1/60 정도로 느리게 고정해 놓고 촬영해도 충분합니다.

> **상상그리다필름의 Tip**
>
> 반대로 움직이는 대상을 연속적으로 촬영할 때는 셔터 스피드를 빠르게 설정해야 사진에 잔상이 남지 않습니다.

❸ 감도(ISO)값 고정

조리개와 셔터 스피드값을 설정하였는데도 화면이 너무 어둡거나 밝다면 감도(ISO)를 조절하여 원하는 사진을 촬영할 수 있습니다. 감도는 카메라의 이미지 센서가 빛에 반응하는 정도를 말하며, 감도의 수치를 높일수록 사진이 밝게 나옵니다.

스톱 모션 영상을 촬영할 때 감도값도 고정해 두어야 하는데요. 주변이 어둡다고 감도 수치를 너무 높이면 화면에 노이즈가 발생할 수 있으므로, 이럴 때는 조명을 추가하여 주변을 밝게 만드는 것이 더 좋습니다.

▲ ISO 640으로 설정하고 찍은 야경 사진

▲ ISO 3200으로 설정하고 찍은 야경 사진

상상그리다필름의 TiP

전문적인 촬영 용어가 많이 나와서 어려우시다고요? 스마트폰으로 촬영을 하신다면, 기본 촬영 설정값을 중간에 갑자기 바꾸지 않는 것만으로도 충분합니다.

④ 조금씩, 천천히, 느리게 움직이기

자연스러운 스톱 모션 영상을 얻으려면 사물을 조금씩 천천히 움직여 가며 사진을 촬영해야 합니다. 사물을 한 번에 많이 움직일 경우 사물의 속도가 빨라진 것처럼 보일 수도 있겠지만, 부자연스러운 느낌이 강합니다. 학생들과 스톱 모션을 촬영할 때도 꼭 강조해야 할 부분입니다.

3. 앱으로 스톱 모션 영상 만들기

스마트폰 앱으로 간단하게 스톱 모션 영상을 만드는 방법을 소개하겠습니다. '스톱 모션 스튜디오(Stop Motion Studio)'는 움직이고 찍는 일을 반복하여 손쉽게 스톱 모션 영상을 완성할 수 있는 앱입니다. 영상의 프레임 수를 지정하여 빠르게 혹은 느리게 재생할 수도 있고, 완성한 영상을 바로 확인할 수도 있습니다.

① 스톱 모션 스튜디오 앱을 실행하고, '새 영화'를 누릅니다.

② 촬영 설정값을 적절하게 조정하고, 카메라 버튼을 눌러 첫 번째 사진을 찍습니다.

③ 피사체의 위치를 조정하거나 새로운 피사체를 추가하여 다음 사진을 찍습니다. 마지막 사진을 찍을 때까지 이 과정을 반복합니다.

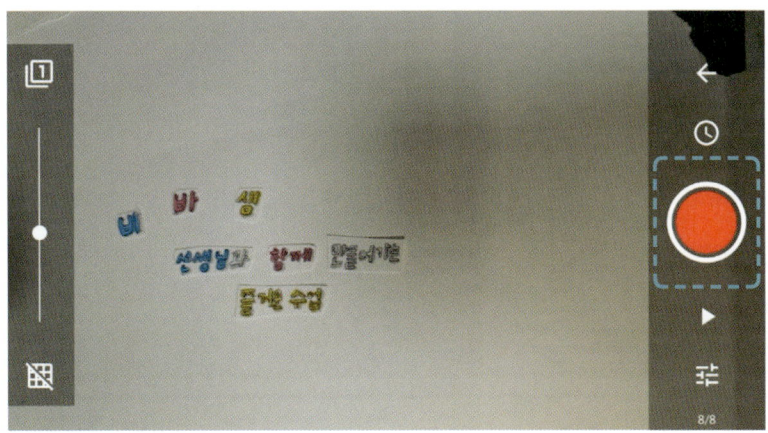

④ 촬영이 완료되면 뒤로가기(←) 버튼을 눌러 편집기 화면으로 이동합니다. 하단 타임라인(❶)을 스크롤하여 모든 사진을 볼 수 있습니다. 여기에서 사진을 제거하거나 새 사진을 추가할 수도 있습니다. 마이크 버튼(❷)을 눌러 음성을 삽입하거나, 영상 설정 버튼(❸)을 눌러 동영상 속도 등을 변경할 수도 있습니다.

⑤ 이제 완성한 작품을 동영상으로 내보내는 작업을 해 보겠습니다. 영상을 클릭하고, 공유 버튼을 누른 다음 '동영상 내보내기'를 눌러 내보낼 방법을 선택합니다.

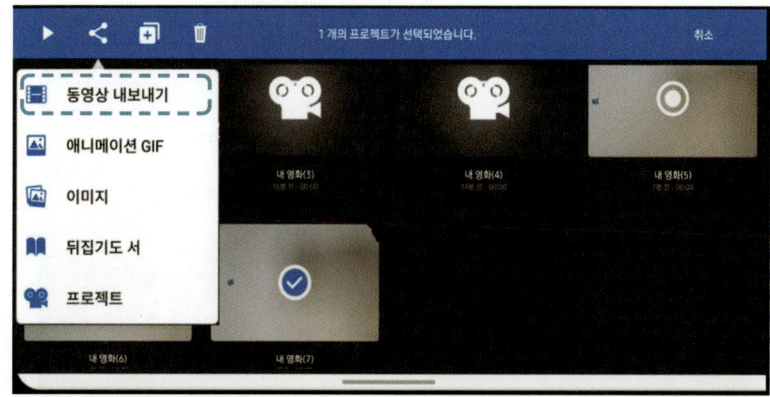

쉽고 간단하게 스톱 모션 영상 완성!

스톱 모션 스튜디오 앱을 활용해 스톱 모션 영상을 제작하는 방법과 그 결과물을 영상으로 확인해 보세요.

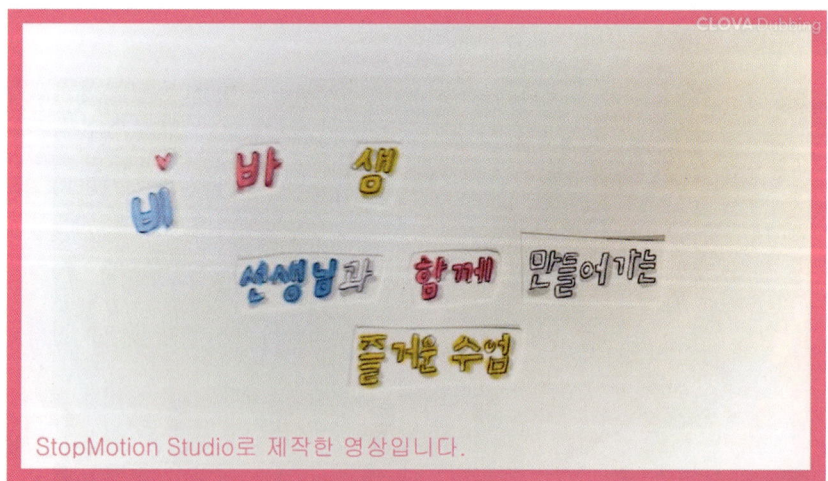

'앱으로 스톱 모션 만들기'가 궁금하시다면?
영상 보러 가기 ▶

4. 수업에 스톱 모션 활용하기

마지막으로 수업에서 스톱 모션을 활용하는 방법을 알아보겠습니다.

가장 대표적으로, 배움 차시가 끝난 뒤 내용 정리나 창작 활동으로 스톱 모션 작품을 제작해 볼 수 있습니다. 수업 시간에 배운 내용을 바탕으로 스톱 모션 작품을 만들어 보면서, 학생들은 창의력을 발휘하고 학습 내용을 스스로 재구조화합니다. 이 과정에서 학생들은 높은 성취감을 느끼고, 배운 내용을 장기 기억으로 저장할 수 있습니다.

각 과목에서는 스톱 모션을 어떻게 활용할 수 있을까요?

국어에서는 시나 이야기를 스토리텔링해 스톱 모션 영상으로 구현하는 활동을 할 수 있습니다.

사회에서는 컷아웃 모션으로 역사적 사건을 재구성하여 스톱 모션 영상을 제작하거나, 사회 문제에 대한 캠페인 영상을 제작할 수 있습니다.

수학에서는 분수나 소수의 개념을 정리하며 간단한 스톱 모션 영상을 만들어 보는 것도 좋겠습니다.

음악에서는 배경음악을 제시하고, 픽실레이션으로 학생이 직접 피사체가 되어 스톱 모션 뮤직비디오를 만들어 볼 수 있습니다.

'시를 스토리텔링한 스톱 모션'이 궁금하시다면? 영상 보러 가기 ▶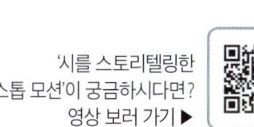

'역사적 사건을 재구성한 스톱 모션'이 궁금하시다면? 영상 보러 가기 ▶

'아이들이 제작한 스톱 모션'이 궁금하시다면?
영상 보러 가기 ▶

　이 외에도 미술, 가정, 체육 교과 등 다양한 과목에서 배운 내용을 스톱 모션으로 재구성해 보는 등 활용 방법이 무궁무진합니다.

　지금까지 스톱 모션의 다양한 종류와 촬영 방법, 수업에서 활용하는 방법을 폭넓게 알아보았습니다. 스톱 모션은 초보자가 일반 영상에서 구현하기 어려운 장면도 창의력을 발휘하여 손쉽게 만들 수 있다는 장점이 있습니다. 완성한 스톱 모션이 주는 묘한 재미도 느낄 수 있지요.
　즐거움과 성취감을 주는 스톱 모션 제작 수업! 선생님도 꼭 도전해 보세요!

쌤 인터뷰

Q 학생들과 만든 영상 중에 가장 **기억**에 **남는** 것이 있다면요?

도행쌤 저는 학예회 때 보통 공연을 준비합니다. 학급 영화를 상영하면서, 그 영화의 OST를 무대에서 직접 연주하는 콘텐츠를 기획하고 제작한 적이 있어요. 학생들과 함께 시나리오를 써서 단편 영화를 만들고, 유명한 'Let it go'를 학생들이 직접 개사해 부르면서 작품을 완성했습니다. 영상 제작뿐만 아니라 OST까지 학생들이 직접 부르고 연주해서 그런지 가장 기억에 남네요.

서진쌤 저는 고등학교에 있다 보니 중학생들에게 홍보할 고등학교 소개 영상을 만든 적이 있는데요. 고1 학생들이 중3 학생들에게 영상 편지를 보내는 내용으로 만들기로 했죠. 그때 학생들의 진심 어린 영상 편지를 보면서 저도 많이 배웠어요. 시간이 없어서 주말 온종일 편집만 했는데, 나중에 결과물을 보니 정말 뿌듯하더라고요.

준웅쌤 만들 때 고생했던 영상이 확실히 기억에 많이 남죠. 저도 그런 의미에서 졸업 영상을 준비했던 일이 가장 기억에 남아요. 6학년이 한 학급밖에 없는 작은 학교라 아이들 모두가 1인 다역을 맡았어요. 그 과정에서 어려움도 많았고, 힘들어하는 아이들도 있었죠. 어려움이 많았던 만큼, 완성한 영상을 졸업식에서 함께 시청하는데 뿌듯하면서도 울컥하더라고요.

성도쌤 학년 말, 우리 반 장기 자랑 행사를 준비할 때 한 명도 빠짐 없이 영상을 만드는 데 참여했던 게 기억에 남아요. 장기 자랑에 참여하지 않는 학생들은 촬영을, 저는 영상 편집을 담당했죠. 모두가 함께 만든 영상이라는 점에서 의미가 컸던 것 같아요.

민지쌤 저는 학교 폭력 예방 영상이 가장 기억에 남아요. 동요 '함께 걸어 좋은 길'에 맞추어 뮤직비디오를 촬영했는데요. 아이들과 함께 노래를 개사하고, 가사에 맞춰 부분 2부 합창도 넣고, 가사에 어울리는 장면을 함께 기획해서 촬영했어요. 29명의 아이들을 골고루 출연하게 하려고 조금 애를 먹긴 했지만, 만들고 나니 아이들이 너무 좋아해서 뿌듯했어요.

PART
5

크리에이티브한
우리 반 만들기

01
우리 반만의
유튜브 채널 만들기

> 김민지 선생님

요즘 다양한 장르의 유튜브 채널이 많이 생성되고 있습니다. 교육 현장에서도 유튜브는 굉장히 쓸모 있는 플랫폼이 되었는데요. 과거 선생님들이 학급 문집에 아이들의 1년을 기록했다면, 요즘은 유튜브 채널 안에 아이들의 1년을 차곡차곡 기록하시는 선생님들도 많습니다. 사진이나 글을 넘어, 영상으로 교실의 모습을 더 생생하게 보여 줄 수 있게 된 것이죠. 우리 반 유튜브 채널! 선생님들도 만들어 보고 싶으시죠?

우리 반 유튜브 채널을 개설하는 방법과 영상을 촬영하고 유튜브 채널에 공유하는 방법까지 함께 알아볼까요?

1. 우리 반 유튜브 채널을 만들면 좋은 점

학급 유튜브 채널을 만들면 이런 점이 좋습니다.
① 수업에서 동기 유발로 사용할 수 있습니다.
② 학생들의 적극적인 수업 참여를 이끌어 낼 수 있습니다.
③ 교사가 수업 영상을 여러 번 돌려 보며 자기 장학을 할 수 있습니다.
④ 학급 영화 만들기 등 콘텐츠 교육을 할 수 있는 플랫폼이 만들어집니다.
⑤ '일부 공개'로 링크를 통해서만 시청할 수 있게 하여, 학생의 수업 및 발표 모습을 가정에 가감 없이 보여 줄 수 있습니다.
⑥ 교사와 학부모 간 소통이 더욱 활발해집니다.

2. 우리 반 유튜브 채널 생성하기

유튜브 채널을 만들려면 먼저 유튜브에 회원 가입을 해야 합니다. 회원 가입을 완료하셨다면, 로그인하고 '채널 생성 버튼'을 눌러 채널을 생성합니다. 그다음 학급 채널을 꾸미는 '브랜딩'을 합니다. 유튜브에서 제공하는 브랜딩 방법은 총 3가지입니다.

① 프로필 사진 설정하기

프로필 사진은 시청자가 내 채널에 들어오거나, 내 영상을 시청할 때 볼 수 있는 나의 이미지입니다.

실제 선생님의 얼굴 사진을 활용해도 좋고, 이미지를 간단하게 만드셔도 좋습니다. 그림판에 들어가 몇 학년 몇 반이라고 써서 저장한 다음, 그 이미지를 프로필로 설정하는 것입니다.

가로세로 98×98픽셀 이상, 4MB 이하의 PNG 또는 GIF 파일이어야 합니다. 움직이는 GIF 파일은 사용할 수 없습니다.

②▶ 배너 이미지 설정하기

배너는 선생님의 프로필 사진을 클릭하여 우리 반 채널로 들어오면 가장 먼저 보이는 윗부분의 이미지입니다.

우리 채널의 정체성과 분위기를 대표하는 이미지로 설정하시면 됩니다.

16:9의 비율로, 가로세로 최대 2,048×1,152픽셀 이상, 6MB 이하의 이미지이어야 합니다. 텍스트나 로고가 잘리지 않는 최소 크기는 1,235×338픽셀입니다.

③▶ 동영상 워터마크 설정하기

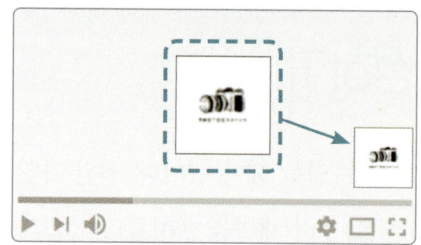

워터마크는 불법 복제를 막기 위해 영상이나 사진에 저작권을 표시하는 것을 말합니다.

동영상 워터마크를 설정해 영상 오른쪽 아래에 일정 이미지가 계속 뜨게 할 수 있습니다. 프로필 사진과 비슷한 방법으로 만들어서 삽입하시면 됩니다.

150×150픽셀, 1MB 이하의 PNG, GIF, BMP, JPEG 파일이어야 합니다.

상상그리다필름의 Tip

유튜브 채널을 만들 때는 기존 아이디를 사용하기보다 새로운 아이디를 만들어 1년 동안 사용하시는 것을 추천합니다. 1년이 지나고 학급이 바뀌면 또 다른 아이디를 생성해 다음 해를 기록하시면 됩니다.

영상으로 우리 반 유튜브 채널 만드는 방법을 전체적으로 확인해 보세요.

'학급 유튜브 채널 생성'이 궁금하시다면?
영상 보러 가기 ▶

3. 초상권 활용 동의 받기

학급 유튜브 채널이 완성되었다면, 이제 채널에 올릴 영상을 촬영해야 합니다. 하지만 그 전에 꼭 밟아야 하는 단계가 있습니다. 바로 학부모와 학생에게 초상권 활용 동의서를 받는 것입니다.

사실 타인의 모습을 촬영해 상업적인 목적으로 무단 사용했을 때 초상권 침해 기준이 성립되므로, 선생님들께서 초상권 침해로 신고를 당할 가능성은 적습니다. 하지만 영상 촬영에 동의하지 않았는데도 나의 의사와 상관없이 영상에 내 얼굴이 나온다면 매우 불쾌하겠지요? 그래서 사전에 초상권 활용 동의서를 받는 것입니다.

초상권 활용 동의서 양식에는 영상 제작의 목적과 촬영 일시, 촬영 장소, 촬영 내용, 영상 활용 내용을 명시합니다. 영상 활용 내용에는 유튜브 영상을 '일부 공개'로 설정하여, 링크를 받은 사용자만 영상을 시청할 수 있다고 안내합니다.

마지막 줄에 촬영·영상 활용 등의 동의 여부를 묻는 체크 박스를 넣고, 학부모와 학생의 서명란을 넣습니다.

> **상상그리다필름의 TIP**
>
> 초상권 활용에 동의하지 않은 학생이 있다면, 영상을 촬영할 때 각별히 주의하셔야 합니다. 촬영을 다 마친 후에 그 학생만 따로 모자이크 처리하는 것이 아니라, 촬영하는 과정 속에서 자연스럽게 그 학생의 얼굴이 화면에 잘 보이지 않도록 해야 합니다. 해당 학생이 멀리 보이게 촬영하거나, 학생의 뒷모습만 촬영하는 방법도 있습니다.

4. 영상 촬영하기

이제 영상을 촬영해 봅시다. 학급 유튜브 채널에는 아래와 같이 다양한 형태의 영상을 업로드할 수 있습니다.

① 교사가 수업을 하고 학생이 듣는 모습
② 학생들의 발표 모습
③ 학생들이 수업 시간에 만든 작품 영상
④ 학생들이 직접 찍은 영상

특히 ④번에서 아이들은 직접 영상 제작자의 역할을 해 보면서 기획과 촬영, 편집 과정에 전부 참여할 수 있습니다. 이 과정에서 아이들의 무한한 상상력이 발휘됩니다.

모둠별로 어떤 주제를 담은 영상을 제작할 수도 있고, 공익 광고, 학급 영화, 인형극, 스톱 모션 영상, 동요를 삽입한 노래 영상 등 다양한 영상을 만들 수 있습니다.

▲ 학생들이 만든 UCC 영상의 일부 장면

조명 등 촬영 장비를 활용하면 더 질 좋은 영상이 나오겠지만, 수업 시간마다 사전 준비를 하기가 쉽지 않습니다.

▲ 짐벌을 활용해 촬영하기

따라서 채광이 잘 들게 블라인드를 모두 올린 다음, 삼각대나 거치대로 카메라를 고정하여 촬영하는 것이 편리합니다. 움직임이 많은 영상을 촬영할 때는 앞서 소개해 드렸던 짐벌을 활용해도 좋습니다.

영상을 다 찍고 나면, 생각보다 선생님과 학생들의 목소리가 잘 안 들리기도 하는데요.

교사의 말이 중요한 수업에서는 교사가, 학생들이 발표를 하는 수업에서는 학생들이 무선 마이크를 착용하면 영상에 소리를 훨씬 더 잘 담을 수 있습니다.

교실에서 영상을 어떻게 촬영하고, 어떤 결과물이 나오는지 영상을 통해서도 확인해 보세요.

'학급에서의 영상 촬영'이 궁금하시다면?
영상 보러 가기 ▶

5. 영상 편집 및 공유하기

영상을 촬영한 뒤에는 목적에 맞게 편집을 해야 합니다.

40분의 수업을 전부 영상에 담으면 영상을 보는 사람이 지루해할 수 있으므로, 필요한 장면만 편집하여 넣도록 합니다. 영상의 목적에 따라 자막을 넣거나 인트로(도입부) 부분을 빼셔도 됩니다.

영상 편집까지 마무리했다면, 유튜브 채널에 영상을 업로드해 봅니다.

① 유튜브 채널에서 우측 상단의 '동영상 업로드' 버튼(▶)을 클릭합니다.

② 영상에 대한 소개를 간단히 쓰고, 미리 보기 이미지를 선택합니다.

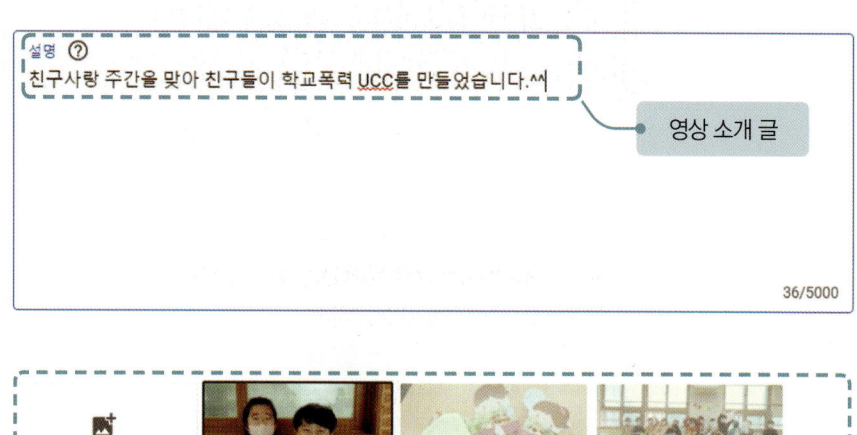

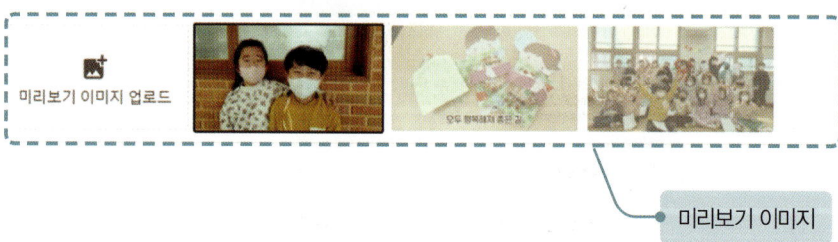

③ 학생들도 시청하기 때문에 아동용 동영상에 체크하고, 공개 상태에서 '일부 공개'를 선택하여 링크를 받은 사람만 영상을 시청할 수 있도록 합니다. 그리고 영상의 링크를 학부모에게 안내하면 됩니다.

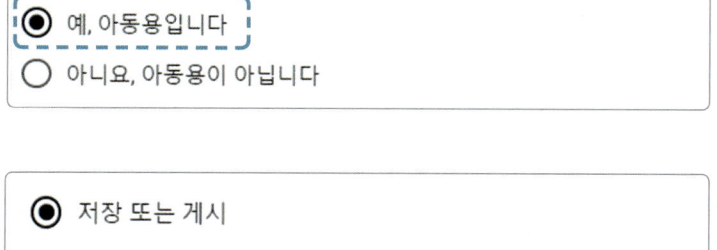

아직 유튜브 채널을 만드는 것이 부담스러우신가요?

한 달에 영상 한 편, 많으면 2주에 한 편 업로드를 목표로 한다면 조금 덜 부담스러우실 것입니다.

유튜브 채널은 교사 혼자서 이끌어 가는 것이 아니라, 우리 학급 아이들 모두가 함께 만들어 나가는 공간입니다. 선생님들께서도 즐거운 마음으로 채널을 만들어 보셨으면 좋겠습니다!

02
우리 반만의
온라인 학습 방 만들기

> 김민지 선생님

갑작스럽게 시작된 온라인 학습! 선생님들의 고민도 참 많았습니다.

아이들과 실시간 화상 수업을 해야 할지, 학습지를 제작해 나누어 주어야 할지, 아니면 온라인 강의를 듣도록 해야 할지, 학생들의 수업 진도는 어떻게 확인하며 출석 확인은 어떻게 이루어져야 할지 고민이 끝이 없으셨을 텐데요.

그 고민에 대한 해답으로, 구글 사이트로 간단하게 온라인 학습 방 만드는 방법을 소개해 드리겠습니다.

1. 구글 사이트로 온라인 학습 방을 만들면 좋은 점

구글 사이트로 온라인 학습 방을 만들고 운영하면 이런 점이 좋습니다.
① 모바일, 컴퓨터, 태블릿 등에서 링크를 통해 쉽게 접속할 수 있습니다.
② 로그인하지 않아도 접속하여 영상을 시청할 수 있습니다.
③ 유튜브 링크를 걸면 유튜브 영상을 바로 시청할 수 있습니다. 영상을 복사하여 붙여 넣기 하는 것이 아니므로 저작권 문제가 발생하지 않습니다.
④ 공개 범위를 조절할 수 있습니다. 학생들에게 '오늘의 학습' 영상만을 공개하는 것이 가능하고, 영상마다 접근 권한을 달리하여 교사가 볼 수 있는 페이지와 학생이 볼 수 있는 페이지를 구분할 수 있습니다.
⑤ 미리 다음 날짜의 학습 창을 만들어 놓을 수 있고, 비공개 설정을 할 수 있습니다.
⑥ 구글 설문과 연계하여 출석 확인을 할 수 있습니다.
⑦ 구글 설문으로 수업 피드백과 질의응답을 할 수 있습니다.
⑧ 구글 PPT와 연동하여 교사의 수업뿐만 아니라 학생들의 발표 자료도 공유할 수 있습니다.
⑨ 구글 문서와 연동하여 모두가 수정이 가능한 문서를 공유할 수 있습니다. 이러한 협업 기능을 이용하면 학생들에게 적절한 과제를 제시할 수 있습니다.

2. 구글 사이트로 온라인 학습 방 만들기

구글 사이트로 온라인 학습 방을 개설하는 방법을 차근차근 알아보겠습니다. 우선 구글 계정에 로그인해야 합니다. 아이디가 없다면 학년 공동으로 회원 가입을 하는 것도 좋겠습니다.

① 구글 검색창에 '구글 사이트'를 검색하고 'Google 사이트로 이동'을 클릭합니다. 주소창에 직접 주소(sites.google.com)를 입력해도 좋습니다.

② 구글 사이트에 들어가면 지금까지 만든 사이트들이 한눈에 보입니다. 사이트를 처음 만든다면 아래 이미지처럼 화면에 아무것도 보이지 않겠지요.
'+' 버튼을 클릭하여 새로운 사이트 만들기를 시작합니다.

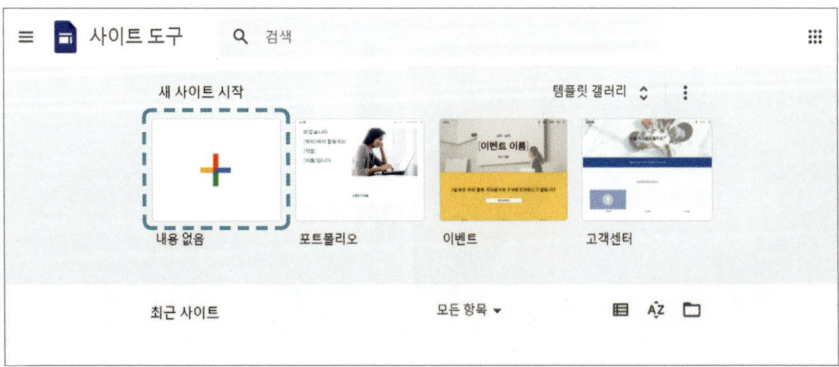

③▶ 사이트 제작 화면에 들어왔습니다. 이제 간단하게 나만의 사이트를 만들 수 있습니다. 구글 사이트 제목(❶)과 내 페이지 제목(❷)을 작성합니다. 기호에 따라 페이지 배경(❸)도 원하는 사진이나 그림으로 바꾸실 수 있습니다.

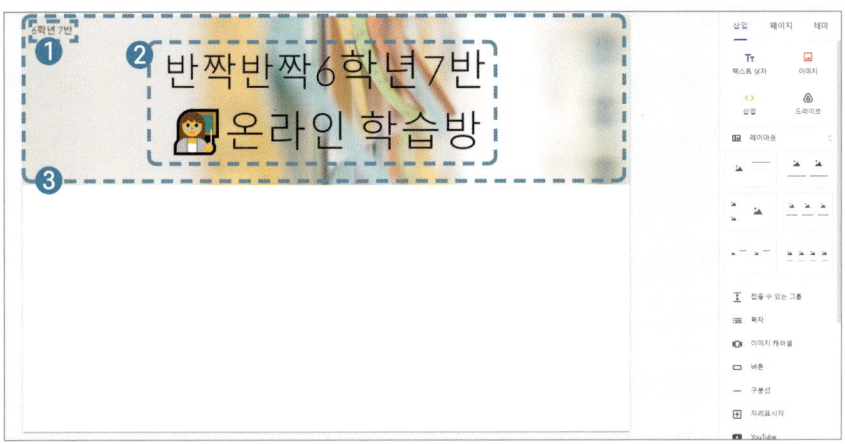

④▶ 오른쪽 [삽입] 탭에서는 원하는 유튜브 영상 링크를 가져오거나, 내 드라이브에 있는 영상을 가져올 수 있습니다. 사진이나 그림을 삽입할 수도 있고, 원하는 창으로 이동하는 버튼도 삽입할 수 있지요. 레이아웃을 설정하여 화면에 자료가 보이는 방식을 정돈할 수도 있습니다.

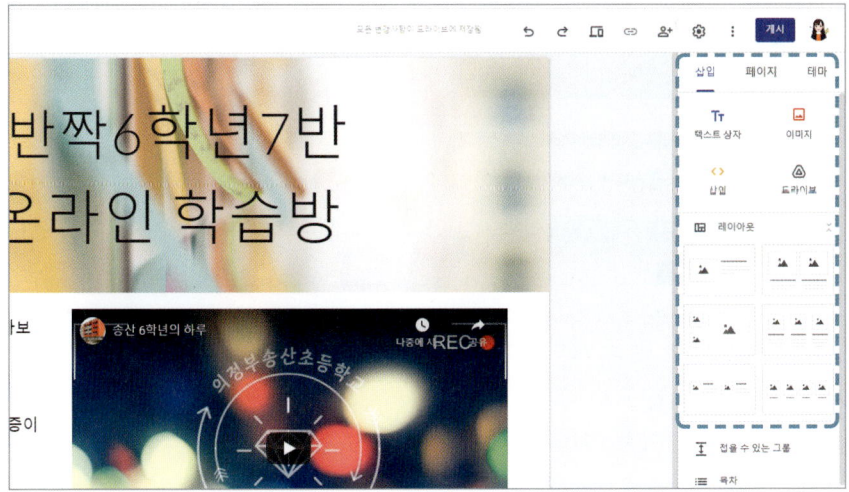

⑤ 각 날짜별로 새로운 페이지를 만들고, 해당 날짜에 배울 수업 영상을 미리 올려놓을 수도 있습니다. [삽입] 탭의 '버튼'을 클릭해 해당 날짜로 바로 이동할 수 있는 버튼을 만들 수 있습니다.

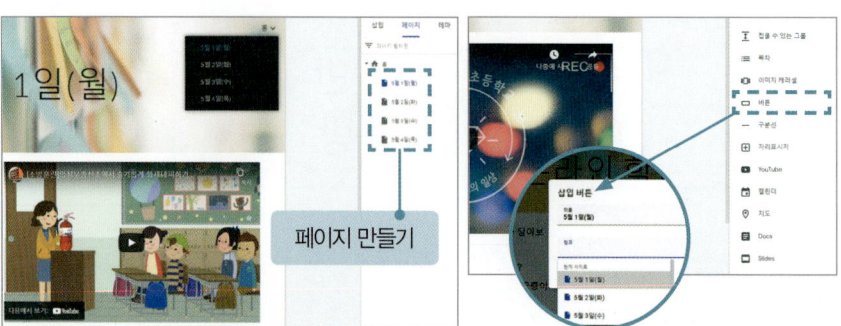

⑥ 페이지 설정에서 각 페이지에 대한 접근 권한을 설정할 수 있습니다. '탐색 메뉴에서 숨기기'를 눌러 미리 준비한 수업 자료가 학생들에게 보이지 않게 설정할 수도 있고, 지난 학습 내용이 보이지 않게 설정할 수도 있습니다.

영상을 보면서 구글 사이트로 온라인 학습 방을 만드는 방법을 하나씩 천천히 따라 해 보세요.

'온라인 학습 방 만들기'가 궁금하시다면?
영상 보러 가기 ▶

3. 구글 플랫폼과 연동하는 방법

구글 사이트로 온라인 학습 방을 만들었다면, 여러 구글 플랫폼들과 연동해 보아야겠지요? 구글 설문지나 구글 프레젠테이션, 구글 문서 등 다양한 구글 자료를 연동하여 한 화면에 보여 줄 수 있다는 것이 구글 사이트의 큰 장점입니다.

① 구글 설문지 연동하기

먼저, 구글 사이트와 구글 설문지를 연동해 보겠습니다.

① 검색창에 구글 설문지를 검색한 뒤, 구글 설문지에 접속하여 설문지를 생성합니다.
② 설문지를 작성한 다음 저장하면, 구글 드라이브에 내가 만든 설문지가 저장됩니다.
③ 다시 구글 사이트로 들어와서 우측 메뉴의 드라이브를 클릭합니다.
④ 내 드라이브에 저장된 문서들이 나타나고, 설문지를 더블 클릭하여 불러옵니다.

> **상상그리다필름의 Tip**
>
> 구글 설문지를 통해 학생의 반과 이름, 오늘 수업이 어땠는지, 궁금한 점은 없는지 등을 질문할 수 있습니다. 설문지에 응답한 날짜도 기록되기 때문에 매일 자동으로 출석 확인을 할 수 있고, 수업 피드백도 가능합니다. 교사가 엑셀 파일로 설문 통계를 내거나 개인별 답변을 받아 볼 수도 있습니다.

② 구글 프레젠테이션 연동하기

구글 설문과 같은 방법으로 구글 프레젠테이션에 접속하여 PPT를 제작하고, 이를 구글 사이트에 넣을 수 있습니다.

오프라인 수업에선 학생들이 교실에서 발표 자료를 직접 소개했다면, 온라인 수업에선 구글 사이트를 통해 발표 자료를 소개하고 모두가 감상할 수 있습니다.

③ 구글 문서 연동하기

같은 방법으로 구글 문서도 가져올 수 있습니다.

중요한 공지나 가정 통신문 등을 만들고 구글 사이트에 가져와 안내할 수 있습니다.

상상그리다필름의 Tip

구글 드라이브와 구글 플랫폼을 연동하여 사용하다 보면 간혹 로그인을 해야만 영상이나 설문이 보이거나, 학생들이 접근하지 못할 때가 있습니다. 해당 자료가 '특정 사용자'에게만 보이도록 설정되어 다른 모바일 기기에서 접근이 되지 않기 때문입니다. 이럴 때에는 드라이브 내에서 해당 자료에 대한 권한 설정을 바꿔 주어야 합니다.
먼저 ① 구글 드라이브에 접속하고, ② 자료에서 마우스 오른쪽 버튼을 클릭하여 공유를 클릭합니다. ③ 상단에 공유 가능한 링크 가져오기를 클릭한 다음, ④ '링크가 있는 모든 사용자' 옆에 있는 체크 박스를 선택합니다. 영상을 통해 더 자세히 설명해 드리겠습니다.

'영상이 재생되지 않을 때 해결법'이 궁금하시다면?
영상 보러 가기 ▶

4. 접근 권한을 설정하고 게시하는 방법

사이트를 모두 제작했다면, 이제 학생들이 볼 수 있도록 해야겠지요?

① 화면 오른쪽 상단에 있는 '게시'를 클릭합니다.

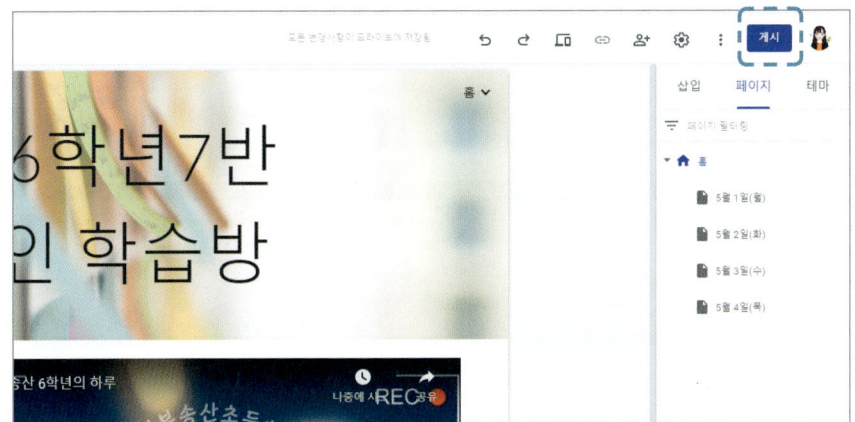

② '웹에 게시'라는 창이 뜨면서 웹 주소를 입력하는 부분(❶)이 나옵니다. 영어 소문자와 숫자 등을 사용하여 간단하게 주소를 입력하면 됩니다. 가장 중요한 것은 '내 사이트를 볼 수 있는 사용자'를 어디까지 설정하느냐입니다. '모든 사용자'의 관리(❷)를 클릭합니다.

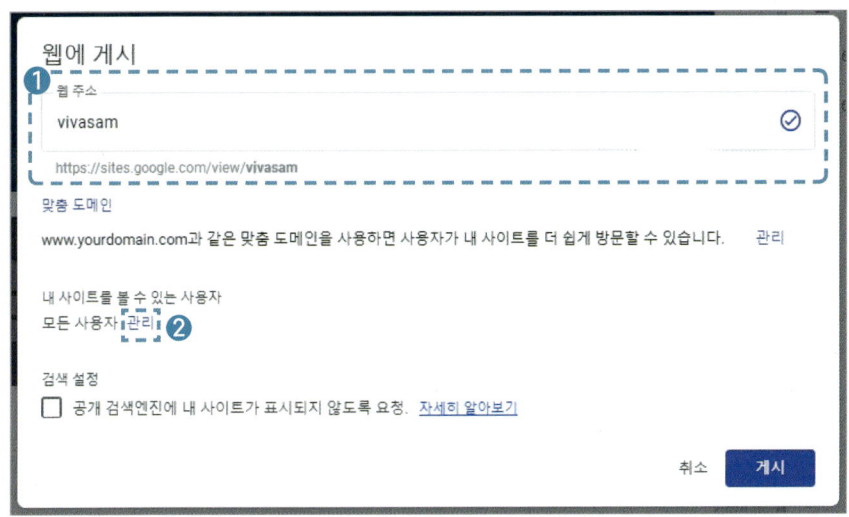

③ '사용자 및 그룹과 공유', '링크' 창이 동시에 열립니다. '링크마다 다름' 옆에 있는 '변경'을 클릭합니다.

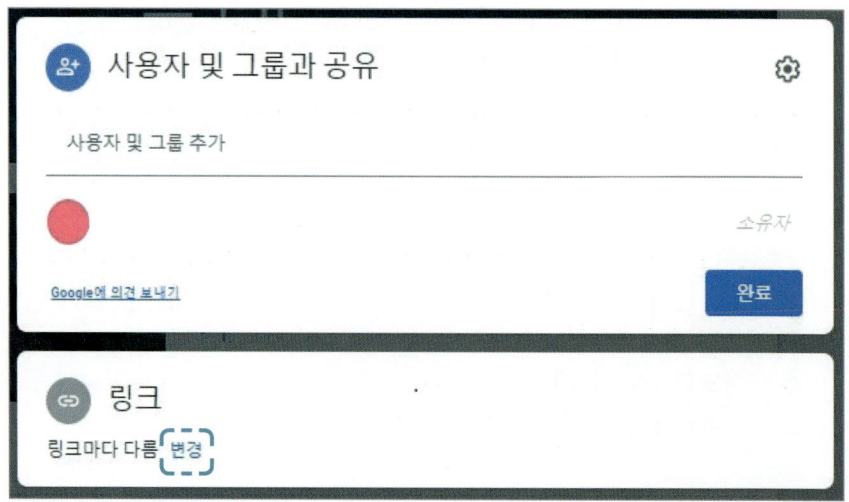

④ '제한됨'을 선택하고 편집을 허용하는 사용자 및 그룹을 추가합니다. 여러 선생님께서 한 아이디를 공유하고 계신다면, 굳이 '링크가 있는 모든 사용자에게 공개'를 선택하지 않아도 됩니다. '제한됨'을 선택하여 다른 아이디로는 편집할 수 없게 설정해 놓으시기 바랍니다.

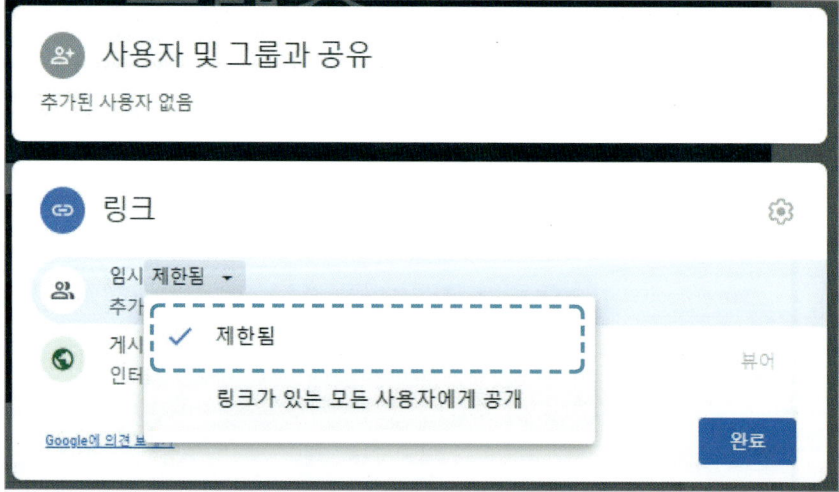

⑤ 게시된 사이트 옆에 있는 버튼을 누르면 '제한됨'과 '전체 공개' 선택지가 있습니다. '제한됨'을 누르면 공유한 사용자 및 그룹 외에는 링크가 있어도 사이트에 접속할 수 없습니다. 학생들을 모두 구글에 회원 가입하게 하여 계정 정보를 받으실 것이 아니라면, 전체 공개 상태로 전환해야 합니다.

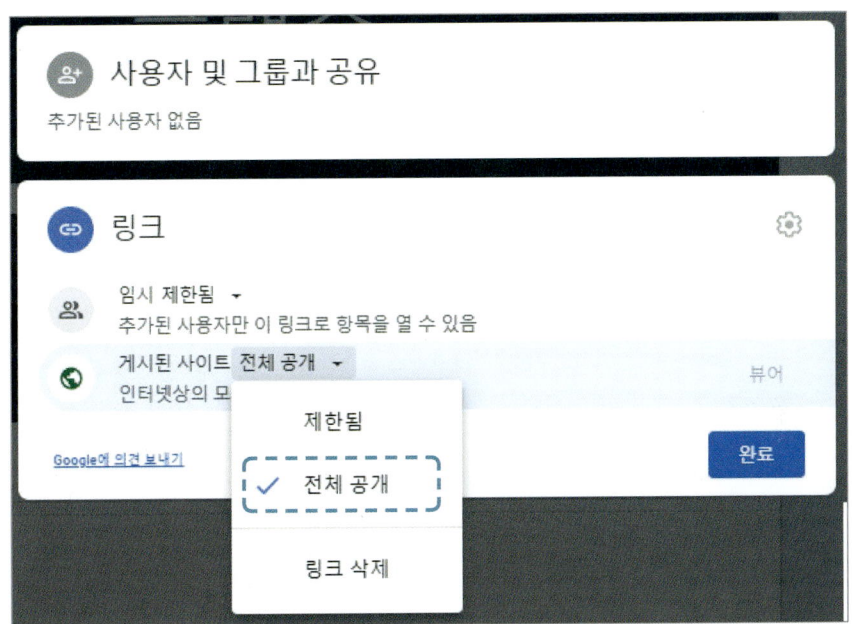

마지막으로 '공개 검색 엔진에 내 사이트가 표시되지 않도록 요청' 체크 박스를 채워 주시면, 내 사이트가 불특정 다수에게 공개되는 위험성을 막을 수 있습니다.

온라인 학습 방은 다양하게 활용할 수 있습니다.

학년에서 공동으로 사용해도 되지만, 학급 내에서 유튜브가 아닌 안정된 동영상 플랫폼을 만들어 공유하고 싶을 때 사용할 수도 있습니다. 또 학생들과 자료를 공유할 뿐만 아니라 자료를 같이 수정하거나 제작할 때도 사용할 수 있습니다. 저작권 걱정 없이 유용한 유튜브 영상을 끌어올 수 있다는 점도 편리하겠지요?

앞의 내용과 영상을 잘 살펴보고, 구글 사이트를 활용해 보시면 좋겠습니다.

쌤 인터뷰

Q1
"**영상**은 ○○이다!"

도행쌤 "영상은 경험과 상상의 만남이다!"
같은 영화를 보더라도 모두 느끼는 것이 다르고, 같은 주제로 영상을 만들더라도 만드는 사람에 따라 다른 영상이 만들어지기 마련입니다. 모든 사람의 경험이 다르고, 상상하는 것도 다르기 때문이죠. 영상은 만드는 사람에게도 보는 사람에게도 그 사람만의 경험과 상상이 만나는 무궁무진한 세계인 것 같아요.

서진쌤 "영상은 애정이다!"
자신이 쏟은 애정과 시간만큼 좋은 결과물이 나오더라고요.

준웅쌤 "영상은 이야기다!"
우리는 말과 글로 이야기를 전달하곤 하는데요. 말과 글보다 영상을 사용하면 하고자 하는 이야기를 더 가감 없이 전달할 수 있다고 생각해요.

민지쌤 "영상은 행복한 시간의 조각이다!"
지나간 일을 떠올리려고 해도, 잘 기억나지 않는 것들이 많잖아요. 영상을 보면 그때 그 시간이 떠오르고, 오랜 시간이 흐른 뒤에 봐도 그때의 기억이 생생하게 펼쳐져요. 영상으로 행복했던 시간을 오래오래 저장할 수 있는 것 같아요.

성도쌤 "영상은 추억이다!"
주변 사람들과 함께한 즐겁고 행복한 추억을 기록할 수 있기 때문입니다.

혜령쌤 "영상은 행복이다!"
학생들이 만든 영상만 보다가, 학생들에게 직접 영상을 만들어 주었을 때 학생들이 행복해하던 모습이 잊히지 않아요. 영상을 만들려고 좋은 문구를 떠올리고, 학생들의 사연으로 영상을 제작하면서 학생들과 더 가까워졌던 행복한 기억이 떠오릅니다.

Q2 앞으로 **어떤** 영상을 **만들고** 싶으신가요?

도행쌤 '상상그리다필름'이라는 팀명에서 드러나듯, 제가 상상하는 모든 것을 영상이라는 도구로 표현하고 싶습니다. 기본에 충실하며 모든 부분에서 잘 만들어진, 많은 사람이 공감하며 함께 상상의 나래를 펼칠 수 있는 따뜻한 영상을 만들고 싶어요.

영식쌤 학생들과의 소소한 이야기들을 영상에 담아 두고 싶어요. 우리 반 학생들과 추억을 공유하는 시간이 무척 즐겁습니다. 한 번 보고 지나치는 영상이 아닌, 봐도 또 보고 싶은 그런 영상을 만들고 싶어요.

서진쌤 제가 만들고 싶은 영상은 두 가지예요. 첫째는 학생들이 즐겁게 보고, 쏙쏙 이해할 수 있는 수업 영상을 만들고 싶어요. 꼭 교실이 아니더라도, 언제 어디서나 공부하고 싶을 때 즐겁게 수학을 배울 수 있는 그런 영상을 만들고 싶습니다. 두 번째는 1년을 함께한 우리 반 학생들과 졸업식 날 함께 볼 수 있는 영상을 만들고 싶어요. 한 해를 되돌아볼 수 있는 추억 영상으로 1년을 마무리하고 싶네요.

준웅쌤 저는 3분 요리 같은 영상을 만들고 싶어요. 간단한 편집으로 교실의 일상을 담고, 전하고자 하는 메시지도 쉽게 전달하고 싶어요.

민지쌤 저는 전달력 있는 영상을 만들고 싶어요. 어떤 영상이든 보는 사람이 촬영자의 의도를 알 수 있도록 하는 게 제일 중요하다고 생각해요. 내가 전달하고자 하는 내용을 보는 사람이 바로 알아챌 수 있도록, 쉽고 세련된 영상을 만들고 싶어요.

성도쌤 저는 우리 반을 넘어서, 우리 학교 학생들 모두가 공감할 수 있는 공익 영상을 만들어 보고 싶습니다. 너무 거창한가요? 그래도 도전은 해 보고 싶네요.

혜령쌤 저는 생각할 거리를 던져 주는 영상을 만들고 싶어요. 책은 잠시 독서를 멈추고 생각할 수 있는데, 영상은 그런 부분이 조금 간과되고 있다는 느낌이 들어요. 사람들이 제가 만든 영상을 보고 생각을 하고, 또 다른 질문을 해 볼 수 있었으면 좋겠어요.

상상그리다필름의 영상클래스

초판 1쇄 발행	2022년 7월 1일
지은이	정도행, 노성도, 배서진, 박준웅, 조혜령, 최영식, 김민지 (상상그리다필름)
펴낸이	양태회
기획책임	비상교육 교과서마케팅코어 지나윤
기획	비상교육 비교과콘텐츠기획셀 황혜정 유지명
표지디자인	㈜썸띵
내지디자인	교육출판 세종 비상교육 커뮤니케이션디자인셀 김주희 이수민
편집	교육출판 세종
펴낸곳	㈜비상교육
등록번호	제14-1654호
주소	서울특별시 구로구 디지털로33길 48 대륭포스트타워 7차 20층
대표전화	1544-0554
비바샘 홈페이지	www.vivasam.com
ISBN	979-11-6609-928-1

· 이 책은 저작권법에 따라 보호를 받는 저작물이므로 무단 전재와 복제를 금합니다.
· 이 책 내용의 전부 또는 일부를 사용하려면 반드시 저작권자와 ㈜비상교육의 서면 동의를 받아야 합니다.
· 파손된 책은 구입하신 서점에서 교환해 드리며 책값은 뒤표지에 있습니다.